ある日突然、子どもに『自分の部屋が欲しい！』と言われたら

2LDK5人家族3兄弟

エッセイ漫画家
マルサイ

主婦と生活社

はじめに

いつかわが家も子ども部屋が必要になるかもしれない……。

それはいったいいつなんだろう？

そのときはどうすればいいんだろう？

リビングを仕切ってひと部屋増やそうか。仕切るのは壁？ カーテン？ パーティション？ どこに頼む？ 予算は？ 日数は？ 考えれば考えるほど面倒くさい！

もしかしたら子ども部屋はいらないかもしれない……。だったら、必要になったときに考えればいいか。そうだ！ そのときになったら考えよう！

そうやって後回しにしていたら、突然そのときはやってきました。二男が「自分の部屋が欲しい！」と言ったのです。

三兄弟は長い間、リビングの子どもスペースで仲良く共存していました。

ところが成長するにつれ、いっしょに過ごすことより、自分の世界を大事にし始めます。じゃまをされたりちょっかいを出されたりすると、兄弟喧嘩に発展することも……。とくに二男は、好きなことに没頭したいという気持ちが強く、自分の部屋を欲しがるのは当然といえば当然でした。

このときからわが家の最大の気がかりは、「子ども部屋」になりました。寝ても覚めても考えるのは子ども部屋のことばかり。子どもたちの喧嘩の仲裁に入りながら、「一日も早く用意しなければ！」とやっつけでつくってみたこともあります。でもなんだかうまくいかず、兄弟喧嘩がますます激化……。完全にお手上げ状態です。

これはもう、本気で子ども部屋に取り組むしかない！ プランを練り、予算20万円を確保し、家族の同意を取りつけ、収納用品を買いに走り……と奮闘すること数カ月。長男、二男が仲良く過ごせる「きょうだい部屋」と三男のスペースが完成！ お部屋改造のすべてをお届けします！

マルサイ

もくじ

PART 2 子ども部屋と収納ヒストリー

PART 3 子どもの片づけと整理収納

PART 4 タイプいろいろ きょうだい部屋実例

マルサイ家の住人

長男

地蔵
（14歳）

中2。趣味はプラモデルづくりで、過去の作品は全部保管。出しっぱなし常習犯。

二男

ミニ蔵
（12歳）

小6。プログラミングや音楽制作に夢中。共有スペースを散らかす傾向があり。

三男

マメ蔵
（9歳）

小3。キャラものやアロマの香りが大好き。理想の部屋像をもつ、片づけ優等生。

夫

スーさん
（55歳）

アートディレクター。本、服、靴が多め。もの持ちがよいゆえに、手放す機会を逃して増えがち。

妻

マルサイ
（44歳）

エッセイ漫画家。見た目はスッキリ、中はごちゃごちゃ派。とりあえずしまって行方不明に。

カムイ
（17歳）

キジトラ。食う・寝る・出すのシンプルライフ。たまにトイレの砂を散らかす。

ネコ

PART

1

実践！　きょうだいの部屋づくり

長男、二男の部屋を改造し、「ひとり1空間」を実現！　リビングに新設した三男スペース、ファミリーライブラリーもご紹介します。

ある日突然
ミニ蔵
自分の部屋がほしいんだけど
自分の…部屋？
ウン
そう言われましても…
物理的に考えて無理じゃないすか？
わが家は2LDK
玄関
風呂
脱衣所
キッチン
仕事部屋
寝室
クロゼット
リビングダイニング
5人家族に対して部屋が2つしかない
そこをなんとか

どうしていきなり自分の部屋とか…
今までどおりみんなで仲良くワチャワチャやればいいじゃん
それがもうやなの！
地蔵もマメ蔵もうるさいしさ〜
ひとりになって集中できる場所がほしいの！
集中できる部屋ってどんな部屋よ
お母ちゃん包丁しまって…
たとえば音楽編集とか動画制作とかできるハイスペックなPCがドンと置いてあって…
そんで窓の外にはマンハッタンが広がっているの
ハイスペッククリエイター部屋のイメージ
たしかにそんな部屋があったら集中できるけどさぁ
現実的にムリやん…
私もほしいよそんな部屋

中学生くらいから
ひとり部屋がほしいとか
言い出すようになると
聞いてはいたけど…
先輩母たちの証言
リフォームして
ひと部屋
増やしたわ
うちは
引っ越したよ
マンションから
戸建に
夫婦別室だったけど
ひと部屋 息子に
明け渡したわよ
ダンナのイビキが
うるさくて死にそうよ
思った以上に
早くきたなぁ
自分の部屋が
ほしい、か…
言われてみれば最近は
それぞれの世界を
もつようになって
3人いっしょに過ごすことが
少なくなってきたし
二男はドラムや
リズムマシンに熱中
長男のプラモ愛は
加速気味だし
三男は動画と
ゲームにドはまり

生活時間もバラつきが出てきたし…
ボクもう眠い〜
小学生
21:00
オレはまだ眠くない
中学生
3人同じように生活させるのもそろそろ限界かな〜とは思っていたのよね
ウンウン
小さい頃は憩いの場だったソファも
和気あいあい
今じゃ小競り合いの場所と化しているし
おい！どけ！座らせろ！
うるせー オレが先に座ったんだぞ
それボクが読んでたマンガ！
喧々諤々…

ミニ蔵なんかは制作過程を見られたりするのを嫌がるようになってきたもんね
何描いてるの～?
ちょっと見ないでよ!
そうそう小さい頃は見て見て!って感じだったのにね～
休日恒例だったプロジェクター映画鑑賞も
いつからか観たい映画が一致しなくなって
今はそれぞれが観たいものを観るようになったし
そうやってだんだんとひとりの時間が必要になっていくのかもね
いよいよ わが家の子育ても新たなステージに
思春期の入り口だねぇ

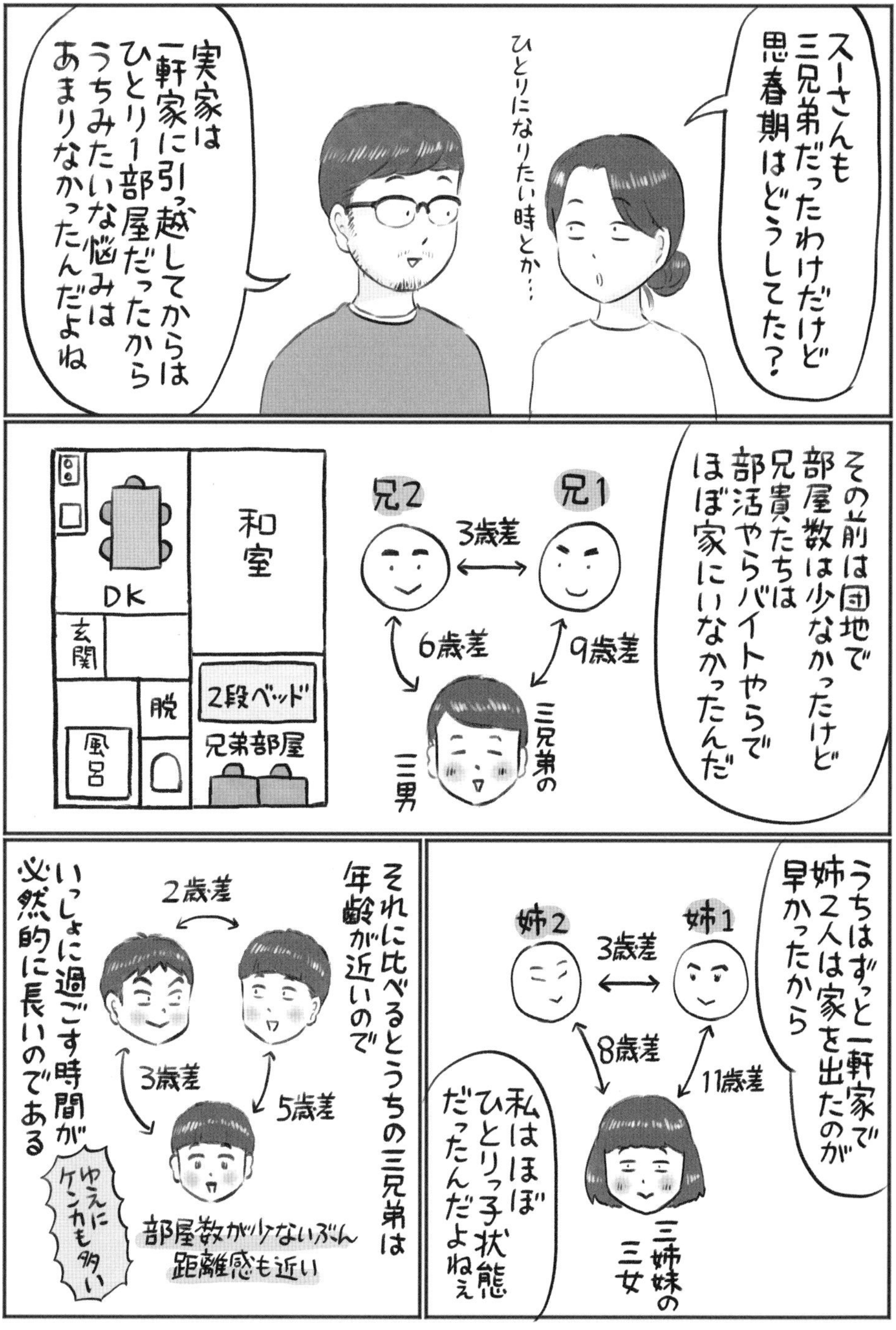
スーさんも三兄弟だったわけだけど思春期はどうしてた？
ひとりになりたい時とか…
実家は一軒家に引っ越してからはひとり1部屋だったからうちみたいな悩みはあまりなかったんだよね
その前は団地で部屋数は少なかったけど兄貴たちは部活やらバイトやらでほぼ家にいなかったんだ
兄1
兄2
3歳差
9歳差
6歳差
三兄弟の三男
和室
DK
玄関
脱
風呂
2段ベッド
兄弟部屋
うちはずっと一軒家で姉2人は家を出たのが早かったから
姉1
姉2
3歳差
8歳差
11歳差
三姉妹の三女
私はほぼひとりっ子状態だったんだよねぇ
それに比べるとうちの三兄弟は年齢が近いので
2歳差
3歳差
5歳差
部屋数が少ないぶん距離感も近い
いっしょに過ごす時間が必然的に長いのである
ゆえにケンカも多い

自分の世界に浸ったり
好きなことに熱中する
時間は必要だと思うし
そういう時間も
あった方がいいのは
分かるんだけど

この2LDKのわが家に
ひとり部屋をつくる
スペースがいったい
どこにあるというのか！
間取り再び
ドーン！
AVボード
本棚
畳んだ布団
寝室
カラボ
マット
マット
カラボ
クロゼット
本棚
仕事部屋
デスク
棚
ドラムセット
トイレ
玄関
シューズクロゼット
風呂
脱衣所
冷
洗
キッチン
ピアノ
カラボ
コタツ
デスク
ハンガー
ローテーブル
ソファ
テーブル
カップボード

将来の子ども部屋はものでいっぱい
寝室兼納戸
廊下には段ボール箱が山積み…
不用品などの一時置き
リビングにはピアノが鎮座…
たいして弾いてない

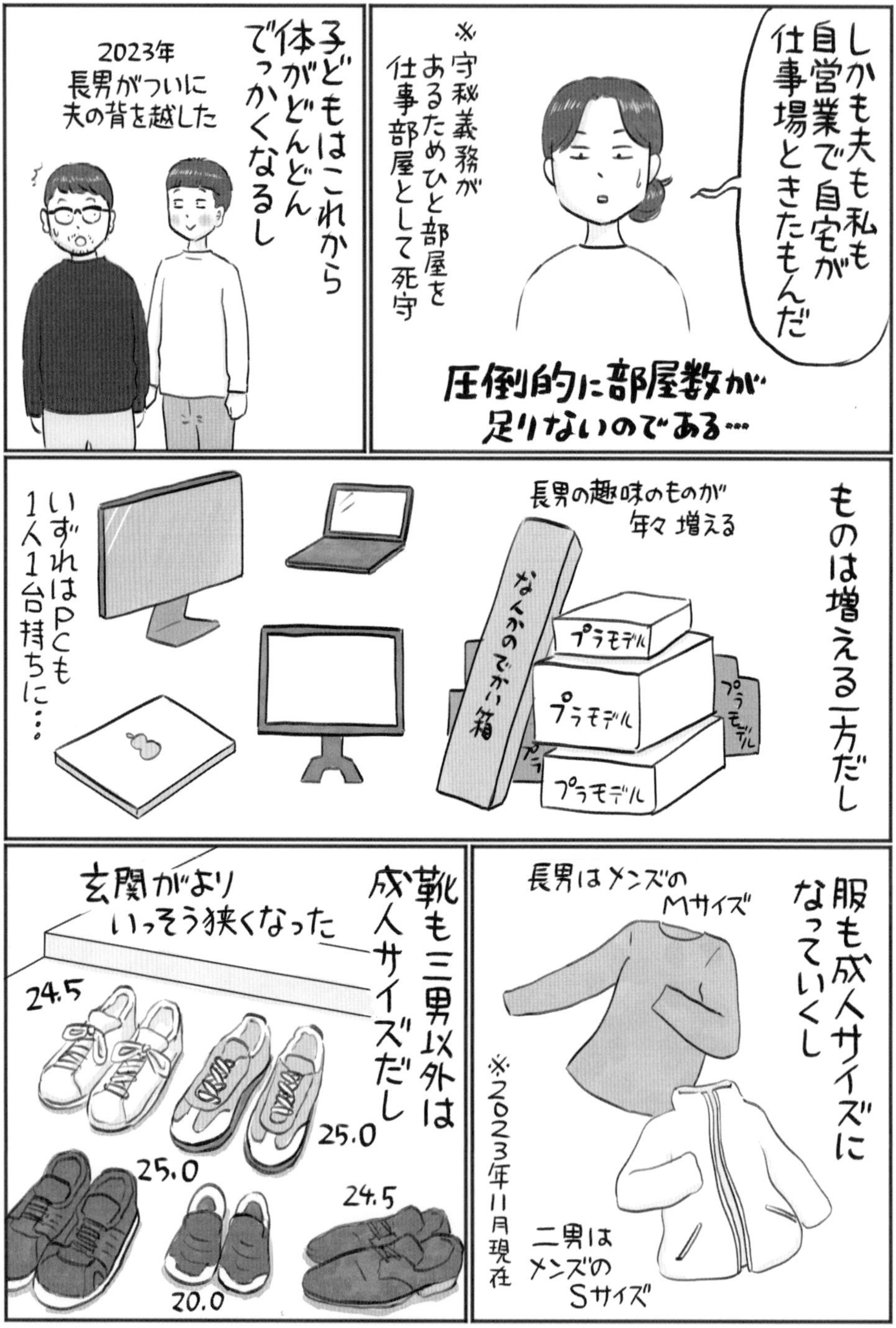
しかも夫も私も自営業で自宅が仕事場ときたもんだ
※守秘義務があるためひと部屋を仕事部屋として死守
圧倒的に部屋数が足りないのである…
子どもはこれから体がどんどんでっかくなるし
2023年 長男がついに夫の背を越した
ものは増える一方だし
長男の趣味のものが年々増える
なんかのでかい箱
プラモデル
プラモデル
プラモデル
プラモデル
いずれは1人1台PC持ちに…
服も成人サイズになっていくし
長男はメンズのMサイズ
二男はメンズのSサイズ
※2023年11月現在
靴も三男以外は成人サイズだし
玄関がよりいっそう狭くなった
24.5
25.0
25.0
24.5
20.0

そのわりには幼稚園時代のおもちゃを現役で使って遊んだりするし
小3
そのパーツちょーだい
中2
小6
ブロックで遊ぶ三兄弟
卒業しないから捨てられない！
使ってないのに手放せないものもある
サンタさんからのプレゼント
ローラースケート☆
処分しようとすると怒られる
使ってないまま4年経つのに
しかも6年後にはダブル受験というオマケ付き！
大学受験とバッチリ重なる
12歳→18歳
9歳→15歳
ヒィ〜〜 想像しただけで心がピリピリするぅ〜〜〜
今でさえ限界を感じてるのにこの先いったいどうなっちゃうんだろう・・・
不安

まぁ
三男と兄2人の
生活時間のズレも
気になってたことだし
これを機に
子ども部屋を
つくってみるか…
二男のひとり部屋は
無理でも
2人1部屋なら
実現可能だよね
三男はまだ
リビングでよかろう
寝室兼納戸化していた
部屋にリビングの
子どもスペースで使っていた
こたつテーブルを
移動してひとまず
長男の机としよう
私の仕事用デスクを
二男にゆずって…
私はダイニング
テーブルで仕事を
すればいいか
ヨイショッと
布団を敷く
スペースを
考えると
学用品棚は
そのまま
リビングだな

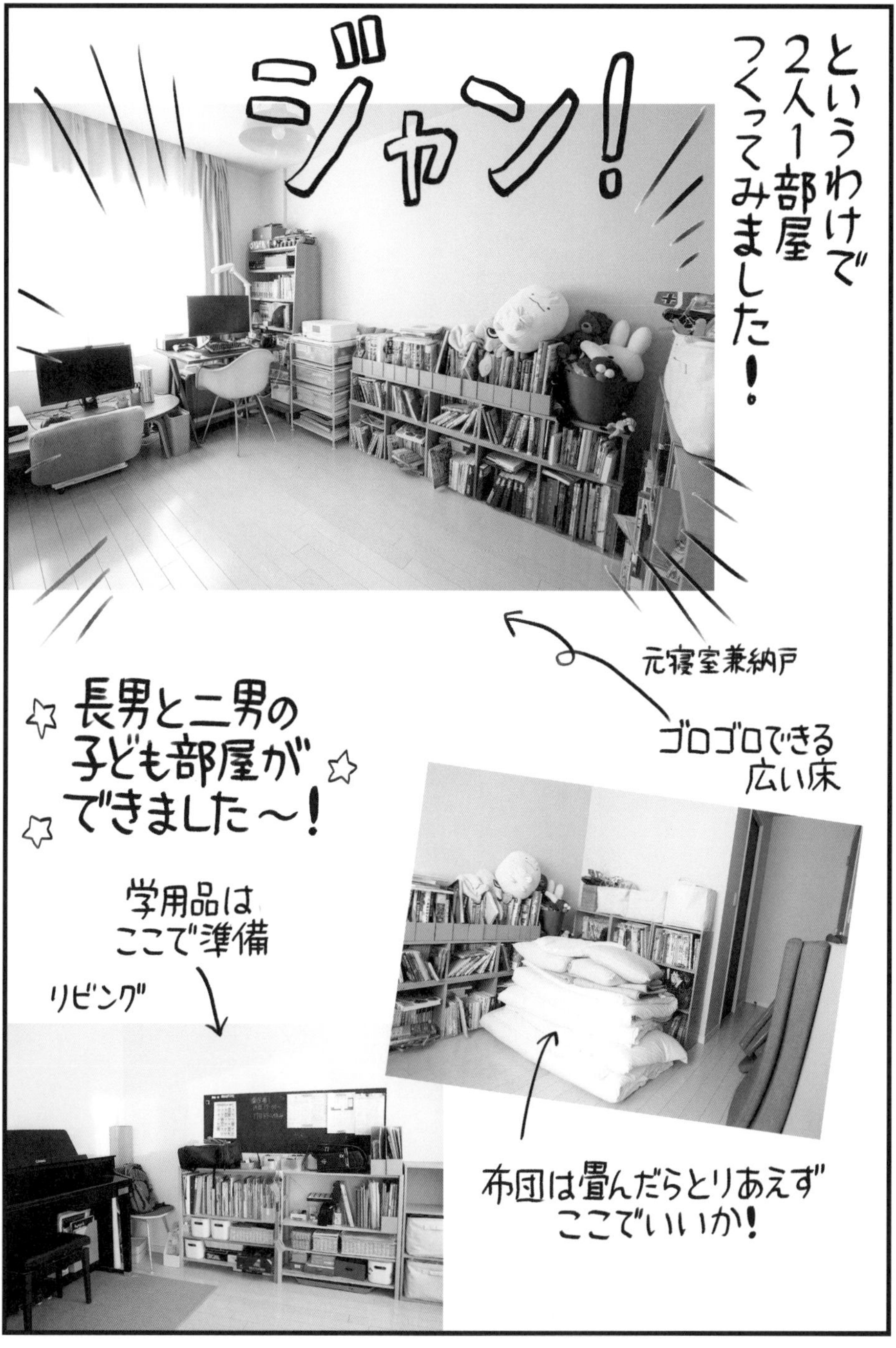

というわけで2人1部屋つくってみました！
ジャン！
元寝室兼納戸
ゴロゴロできる広い床
長男と二男の子ども部屋ができました〜！
学用品はここで準備
リビング
布団は畳んだらとりあえずここでいいか！

子どもの居場所を分散させれば小競り合いも減るだろうし
これで二男も前よりは自分時間に集中できるでしょう
一件落着！
と思ったら甘かった！
ゴミ拾え!! オレの方に落とすな！
うるせー おまえこそ靴下拾え！ 床に置くな！
バーカ
うんこ
アホ
またやってる…
ズルズル
ミニ蔵に部屋を追い出されたからリビングで寝るね
ズル
マット
屁がクサイってキレられた〜
ズル

リビングでも…
おまえたちは自分の部屋があるんだからこっち来んな
ギャー
ボクはここしか居場所がないんだー！
ギャー
うるせーソファはみんなのもんだ
ギャー
オイ座れねえぞ
じゃま!!
こいつの隣嫌なんだけど！
え～～
もう何が正解なのかちっとも分かりません
いったいわが家はこの先どうすればよいのでしょう
教えて！プロの人ーー！
バカ！
アホ！
というわけでお部屋改造のはじまりはじまり☆

子どもの部屋をつくる その前に！

わが家の将来像を考えよう

先生に
教わりました！

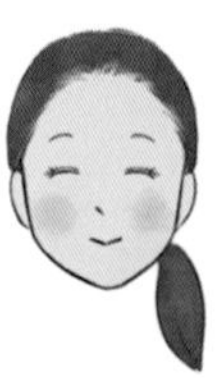
収納カウンセラーの
大森です！

「お子さんに『自分の部屋が欲しい！』なんて言われれば、頑張っちゃいますよね。お気持ちは分かります。でもその前に、この家の最終形をイメージできていますか？」と収納カウンセラーの大森めぐみさん。

　最終形とは「将来この家でどんなふうに暮らしたいか？」ということ。それを考えるのは、ずっと先のことだと思っていました！

「子どもの部屋づくりは、最終形の途中にあるもの。ゴールが分かれば方向性がブレないし、逆算して現在地点を確認しやすい。効率よく部屋をつくれます」

　最終形を考えるには、家族構成や教育方針、ライフスタイル、子どもの独立、老後の生活などが関係してくるそう。大森さんはそれらを考慮して、子ども部屋のプランを提案すると言います。

　わが家の場合は、それぞれが好きなことをしている時間が心地いいし、将来は夫婦でのんびり暮らしたいし……。とはいえ、子どもの独立は本人次第なのでどうなることやら……と曖昧。ただ漠然と、三男が中学生になったら家をリフォームしようと考えていました。

「個を重視した『ひとり1空間』プランがよさそうですね。5人がパーソナルなスペースを持てるよう、空間を確保していきましょう！　受験や進学の節目も気になるところですが、早い段階から動いても大丈夫です」

　最近、カーテンで仕切れば部屋がもうひとつできるな、と妄想していたのは、どこかで「ひとり1空間」を望んでいたのかも。子どもが大人になれば、同居人のようなシェアハウス状態になるのもうっすら想像していたし……。『将来こういう住まい方をするんだろな』というイメージをもち、大枠を決めておく。そうすることで、お子さんが『自分の部屋が欲しい！』と言ってきたときにタイミングよく動けますし、理想に合った部屋づくりができます」

子どもの部屋のプラン例

個人重視

個を尊重し、ひとりひとり独立したプライベート空間を確保。

用途重視

日中活動する場所、夜寝る場所など、部屋を用途で使い分けます。

目的重視

勉強に集中したい受験生や朝練で早起きの部活生などを優先配置。

それぞれが好きなことに没頭したいので、「ひとり1空間」を目指す！

部屋割のキホンを知っておく

家の最終形を「ひとり1空間」と決めたら、次は部屋割です。

わが家は5人家族で5つの空間をつくりますが、2LDKで個室は2つしかありません。個室を分けるか、パブリックスペースをなんとかするしかないのです！

ちなみに、2LDKの内訳は、子ども部屋（約7・6畳）、夫の部屋（約5畳）、リビングダイニング（約18・6畳）、キッチン。

リビングは、もともと個室にできるスペースが約5・5畳あったので、そこを1空間に（長年子どもスペースにしていた場所です）。ダイニングもキッチンのカウンターが壁になり、カーテンで仕切れば、個室にできそうです。最近の子どもたちは自分のスペースにこもる時間が長く、食事のときだけ出てくるようになったので、ここも候補に。

あとは、子ども部屋を分けて、「2人ひと部屋」の同居スタイルに。ちなみに、夫の部屋は、仕事の都合上、現状維持としました。

「子どもの振り分けは、性別、年齢、相性などで考えるといいですよ」と大森さん。

問題は子ども部屋の「2人ひと部屋」の組み合わせをどうするか。相性で言えば、長男と三男なのですが、5歳差で生活時間帯にずいぶん差があります。

考えた結果、これまで通り、長男と二男の組み合わせに。今抱えている問題は、家具の導入や配置替えで解決することにしました。

「部屋割のポイントは、広さや明るさといった条件面をできるだけ平等にすること。とはいえ、窓やドア、照明、コンセントの位置などで差が出てくるので、ときどき入れ替わるといいですね。

5つのスペースを用意しておけば、たとえば受験などその時期いちばん手当てが必要なお子さんを優先的に配置できて、フレキシブルに動けます。

1年に1回や進学の節目など、入れ替わるタイミングを家族で決めておいても」（大森さん）

わが家は年齢分け。長男と二男を「2人ひと部屋」にすることに

子ども3人の部屋割例

年齢で分ける

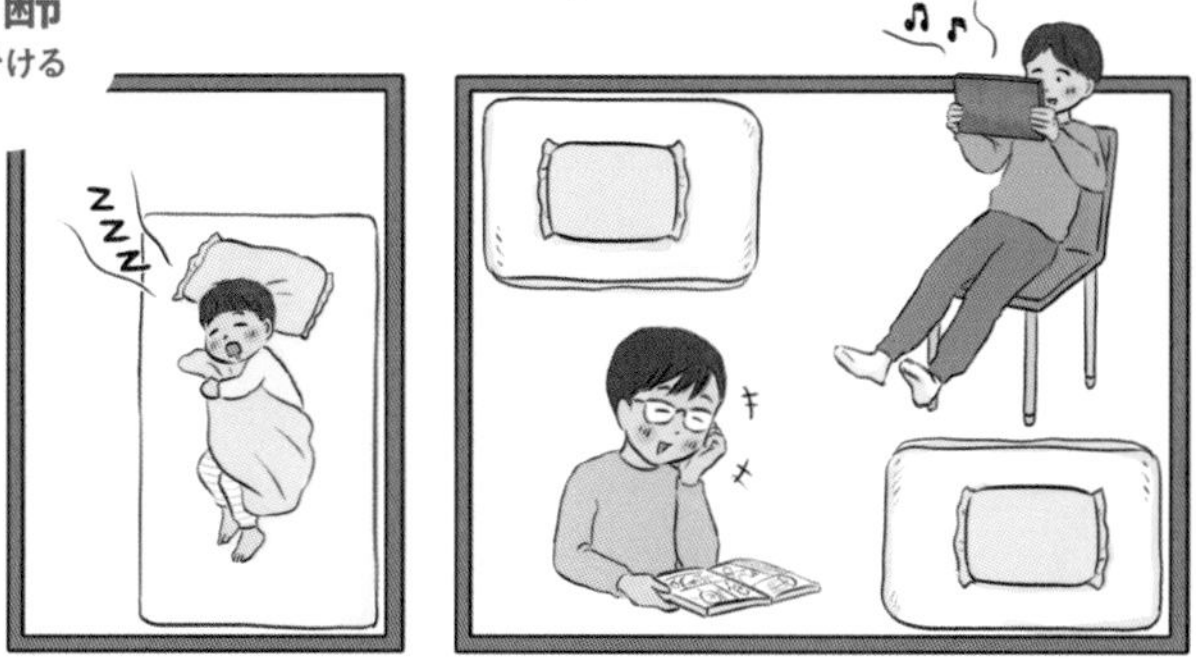

年の差きょうだいなど、生活の時間帯が異なる子どもの部屋を分けます。

性別で分ける

男女で分けます。異性を意識し始めたり、着替えを嫌がったりしたら。

相性で分ける

ぼっち派、寂しがり屋さん……。相性の合うタイプを組み合わせます。

物置化を防ぐためにできること

ある日突然、子どもに「自分の部屋が欲しい！」と言われ、大慌てだった私。子どもが幼いときはずっとリビングで過ごしていたので、子ども部屋は「いらないかも？」と思っていたのです。だから、将来の子ども部屋はものがいっぱいで……。

「子ども部屋が物置化していて、いざというときに身動きが取れないのは、よくある話です。『先のことだから』と部屋に収まらなかったものを『とりあえず』と置いてしまうんですね。

でも子どもの成長は早く、小学校高学年になると体つきが変わって、……その日は案外すぐにやってきます」と大森さん。

暮らし始めてから、もので溢れた子ども部屋をリセットするのは大変なことだそう（実感！）。家じゅうの部屋を見直し、ものを適切な場所に移動するのは、かなりの時間と手間がかかります。

しかも、子どもが思春期を迎える頃は受験や入学準備、仕事、介護など、親も忙しくなる時期。子どもの「自分の部屋が欲しい！」は、いろいろな意味で最悪のタイミングでやってくるのです！

「家を買ったり引っ越したりしたら、子ども部屋には子どものものだけを収納する。これが鉄則です」（大森さん）

子ども部屋と考えるから、「今はまだ子どもが小さいから、いつか～」と後回しになるのかも。個室＝個人の部屋と考えれば、よりパーソナルな空間をイメージできて、最初から使い方が変わってくるように思います。

「24ページで早い段階から最終形をイメージしましょうと言ったのは、ここなんです。その日は、親も子も大変なときにやってきます。

イメージをもっていれば、時間があるときに、予算を積み立てておこうとか、家具は使い回しのきくものを選んでおこうとか、少しずつ進められる。いざというときに慌てずに済んで、部屋づくりがうまくいきます」（大森さん）

「子ども部屋」ではなく「個人の部屋」。置いていいのは その人のものだけ

子どもの部屋の考え方

ここは将来
〇〇の部屋にするから

「子ども部屋」と思うと便利に使って物置化しがちなので、「〇〇の部屋」と考えます。

〇〇のものだけを置こう

〇〇の部屋には、個人のものしか置かないので、余計なものが集まってきません。

部屋をつくりやすい！

部屋にあるのは〇〇のものなので、机やベッドを置くだけ。ものを運び出す必要なし！

ひと部屋」に改造！

気配、音、プライバシー……。
相部屋の問題を模様替えで解決！
喧嘩のない部屋を目指しました。

BEFORE
プライバシーがない！
目障り！
ぎゅうぎゅうに男子２人。
お互いの気配、視線、
音がわずらわしく、
喧嘩が絶えない……
ではいってみよう～！

実録 BEFORE → AFTER

兄弟で仲良くシェアする「2人

悩み1

プライバシーがない！

BEFORE

仕切りがないと、丸見え、筒抜け……

壁際に収納をまとめ、中央を広く取った子ども部屋。どこにいてもお互いの様子が分かり、プライバシーがゼロ。逃げ場がありません。

長男、二男の部屋は、もともと寝室兼納戸。壁際には絵本やおもちゃでぎっしりのカラボを並べていたので、机は窓際に配置。中央は布団を敷いたり、遊んだりするスペースにしていました。

ところが、子どもたちは次第に自分の世界に浸る時間が増え、生活時間帯も微妙にズレ始めます。同じ空間ではお互いの言動が気になるうえ、ひとりになれる場所がなくストレスに……。

そこで、部屋を分けることにしたのですが、ひとりあたり3・8畳では机と収納、布団を置くとギッチギチ！ 仕切りに棚を使って収納を兼ねることで、なんとかスペースを分割。高い棚が目隠しになり、プライバシーを確保できました。

AFTER

解決

棚で間仕切り

真ん中に同じ棚を2台並べて間仕切りに。兄弟で1台ずつ使用し、正面を互い違いに向けています。棚板を足して収納量をUP。

使ったのはコレ!

パイン材ユニットシェルフ・86cm幅・大　幅86×奥行39.5×高さ175.5cm ¥19,900／無印良品

上から見ると……

広さ7.6畳で、横長の形状。右が長男、左が二男のスペース。入り口に向かう通路を確保すると、ひとり実質3畳ちょっとです。布団を敷くときは、椅子を移動。グレー部はクロゼット。

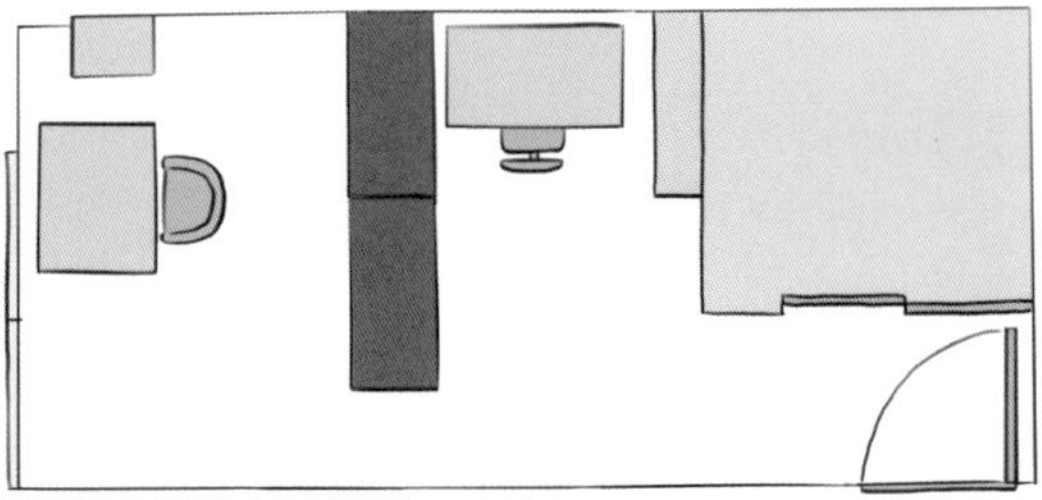

布団の敷き方もひと工夫

枕の位置を逆にし、視線が合わないようにしています。棚の下段はものをたくさん置いているので、隣の気配を感じにくいそう。

布で目隠しするテも

棚のすき間が気になるようなら、布を張って対処する予定。長男のスペースが暗くならないよう、光が透けるコットン生地を採用。

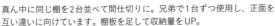

仕切る方法いろいろ

カラボ積み

簡単！ プライバシーと安全性の両立は難しい

カラボを縦や横に並べ、ジョイント金具で連結する〝カラボ積み〟。じつは私も試したことがあります。間仕切りと収納を兼ねられるので、狭い部屋に重宝。カラボの奥行きで、隣との距離も確保できます。ただし、高さには限界があり、完全に仕切るのは難しい印象。

つっぱり柱＋有孔ボード

しっかり仕切れて安心感アリ！ 壁面収納も◎

話題のつっぱり柱を使います。ホームセンターで売っている2×4材にアジャスターを取り付け、床と天井に固定。つっぱり柱の間に有孔ボードを渡し、フックやトレイを引っかければ、収納スペースにも。つっぱり柱は端の1本を壁際に設置すると、安定感が増します。

LABRICO／ラブリコ 2x4アジャスター　幅9.4×奥行 4.2×高さ 上キャップ＋天キャップ12.0-13.8　下キャップ4.0cm　¥1,496（公式オンライン価格）／平安伸銅工業

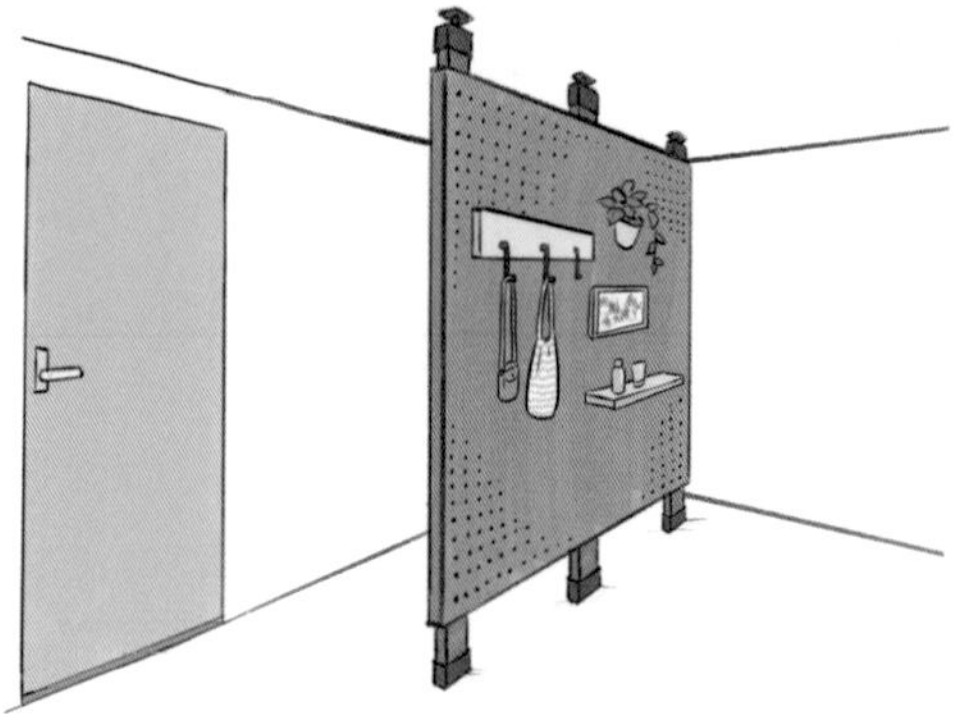

2段ベッド

空間を縦に有効活用。使用期間が案外短いかも？

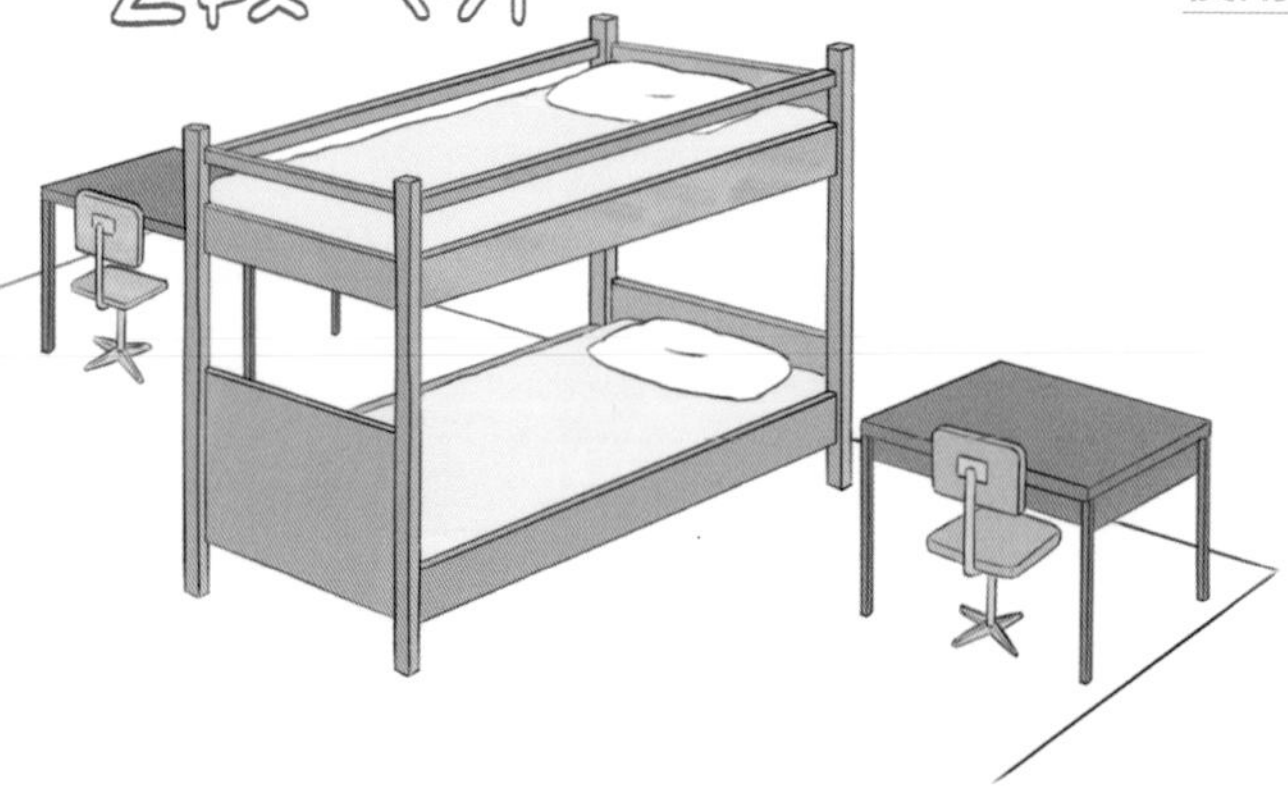

ロフトや2段ベッドは、空間を縦に分けられるのが特徴。狭い空間を効果的に使えるので、今回の候補に上がっていました！　それぞれの寝床に入れば、お互いの姿が見えず、ひとりの空間を確保できます。わが家は、子どもが成長したときのサイズ感が気になって断念……。

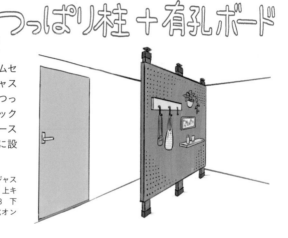

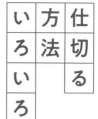

パーティション

設置がしやすく模様替えもラク。掲示板としても！

おうちリモートワークのアイデアで目にしたパーティション。仕切りたい場所に立てるだけでいいので、お手軽です。専用品のため、薄いのにしっかり仕切れ、場所を取らないのが魅力的。L字につなげて机を囲むこともできます。プリントの〝見える化〟にも役立ちそう。

SIDORNA／シドルナ ルームディバイダー　幅80 ×高さ150×厚さ2㎝　¥12,000／2 ピース
SIDORNA／シドルナ 脚 ルームディバイダー用 幅40×高さ4×長さ41㎝、重さ 1.25kg（パッケージ込み） ¥2,000／イケア

家選びの注意点

〝あとから仕切る〟は意外と難しい

「引っ越しや家探しの際に、子ども部屋の数を気にする人は多いのですが、広さを気にする人は案外少ないんです」と大森さん。

たしかに！　うちがそうでした。「たとえば、あとから2つに分けるとしたら、8畳は欲しいところ。机と椅子、本や学用品、衣類の収納、布団を敷くスペースが必要です」

大森さんによると、照明や空調、窓、入り口の位置などによっても使える広さが違ってくるそう。

わが家は7・6畳ですが、これ以上、家具を増やすのは無理！　あとは、ものを減らすしかありません……。家探しの際にこのことを知っていたら、もう少し広い部屋を選んでいたかも……。

悩み2

視線や音が気になる……

BEFORE
横並びは、
目に入るし、
うるさい!

窓際に長男(左)、二男(右)の机を横並びに配置。手元が明るく作業がしやすいものの、お互いの視線や音が気になる距離感……。

あっ
のぞくな!
チラ…

ズビーーッ
ブビビビビ
ブブブブ
ブピッ
うるさいッ

「見るなよ〜!」「見てないって!」

机が横並びだとお互いの様子が目に入り、気になるもの。とくに創作活動中の二男は集中力が途切れるのを嫌がって、兄弟間で小競り合いが起こります……。

そこで机の配置を変えるべくシミュレーション。背中合わせ(37ページ)は、昼間はいいものの、夜間は問題が勃発しそうで、最終的に90度配置に。お互いが視界に入らず、ドアに背を向けられて、人の出入りが気になりません。

騒音はノイズキャンセリング機能付きヘッドホンで解決することに。生活していれば音は出るし、鼻歌だって歌いたいもの。息を殺して生活するのは嫌なので、それぞれが防音対策をして心穏やかに過ごします。

2台の机を離し、90度になるようレイアウト。間に棚があるので、お互いの気配はほとんど気になりません。部屋の入り口は写真右手。

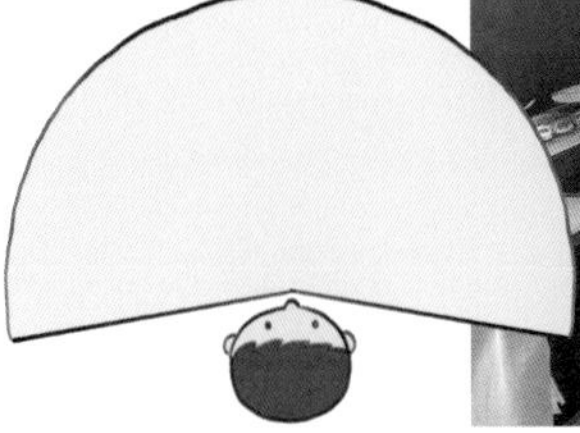

これが視野の限界

人の目で見えるのがブルーの範囲で、これを避ければ視界に入らず、気にならないはず！　両端はぼんやりしか見えないそう。

解決1

机は90度配置

ちなみに背中合わせは……

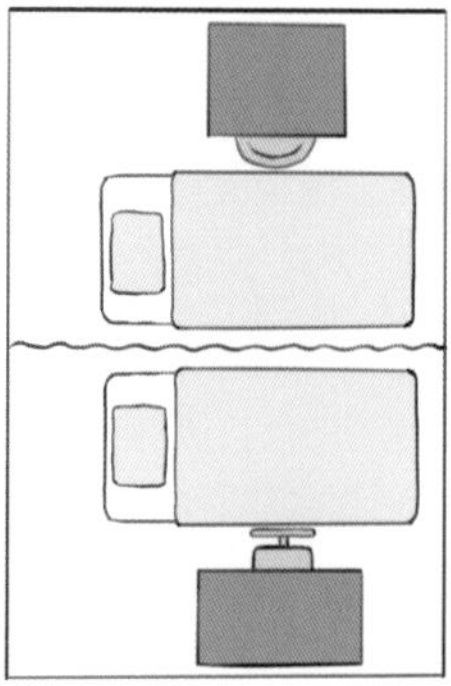

超接近！

机2台を背中合わせに置いて布団を敷くと、間に棚が置けず、カーテンで仕切ることに。そうなると、寝相によっては干渉し合う恐れが……。

解決2

耳にヘッドホン

聞こえない！

ヘッドホンは家族全員が持ち、集中したいときや静かに過ごしたいときに装着。長時間使用に最適な軽量タイプを選んでいます。

こんな方法も！

気配・視線・音 すべて完璧！
クロゼットを個室化する！

クロゼットは、わが家にとって第3の個室。扉を閉めればひとりきりになれ、外の音も聞こえません。今回の改造で、衣類をそれぞれのスペースに移したのを機に、人がこもれるスペースに改造！　作業台をつくり、電源を確保し、椅子やサーキュレーターをセット。

いざというときに逃げ場があると、心に余裕が生まれます。

BEFORE

貴重な扉つきスペースが、服でみっちり……

クロゼットは5人の服でパンパン。定期的に整理しているものの、サイズアップのスピードに追いつけず、スペースを圧迫……。

AFTER

1.9畳でもできた！

衣類を各人のスペースへ。椅子、サーキュレーターを導入！

引き出しの高さを揃え、家にある板を置いて作業台に。ハンガーポールに吊るした服は整理し、反対側にまとめています。椅子はこもるときに部屋から移動。

ひとりになりたいときに

成績が悪かったり、学校でヤラかしたり……。言い出しにくいことがあったときは、家族と顔を合わせるのが気まずいもの。クロゼットは、気持ちを整理したり、言い訳を考えたりするのにも役立ちます。

受験勉強に

6年後、二男と三男のダブル受験を控えるわが家。クロゼットはまわりにゲーム機などの誘惑がないので、勉強するしかありません。扉つきで光がモレないため、深夜の勉強にも有効。

オンライン会議に

ダイニングでのオンライン会議は、家族の姿や声を気にしてヒヤヒヤ。壁に囲まれたクロゼットなら、その心配がなし。大きな声でしゃべれ、聞き逃しもないので、進行がスムーズです。

パソコンのカメラに写る範囲は、服を寄せておきます。ポストカードで自分らしさも。

悩み3

ものが散らかって居心地が悪い……

BEFORE

行き場を失ったものが、机や床上に散乱！

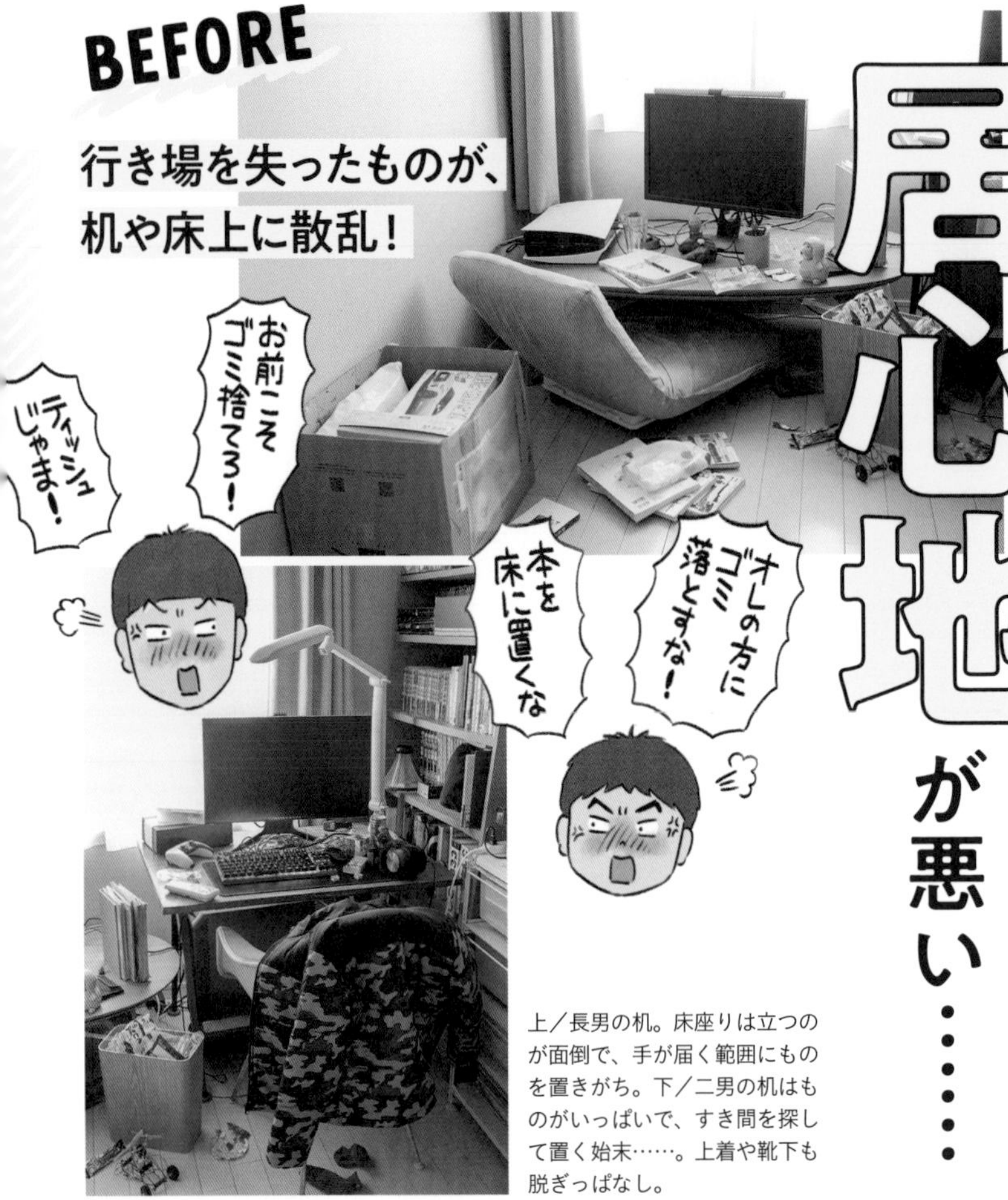
オレの方にゴミ落とすな！
本を床に置くな
お前こそゴミ捨てろ！
ティッシュじゃま！

上／長男の机。床座りは立つのが面倒で、手が届く範囲にものを置きがち。下／二男の机はものがいっぱいで、すき間を探して置く始末……。上着や靴下も脱ぎっぱなし。

長男、二男の机のまわりには、本やゴミ、お菓子、ティッシュなどが散乱。彼らの生活の中心はパソコンやゲーミングモニターで、一度机に向かうと長く、時間の経過とともに部屋が荒れていきます……。

とくに長男はこたつテーブルのせいか、床についものを置いて、徐々に二男のスペースを侵略。二男は二男で、靴下や上着を脱ぎ散らかす癖が……。

よく観察してみると、机のまわりに収納がないことが判明！　そこで、脇に棚を置いて、一時置きのスペースを確保。座ったまま戻せるので、作業を中断しません。また、通り道にも収納をつくり、ついでに戻せるように。散らかりがちな小物も、新たに収納場所を設けました。

解決1

机の脇に棚

\ 追加投入！/

二男の机脇にも棚を設置。机には引き出しも取り付けました。

クランプ式引き出し 約幅62.1×奥行30.4×高さ10／11.5㎝（クランプパーツ含む）¥5,980／サンワダイレクト

長男のスペース。利き腕の右側に棚があると、机がものでいっぱいのときに、ちょっと置けて便利です。床もスッキリ！

解決2

通り道にフック

AFTER

右／上着や帽子を〝ついでがけ〟できるよう、入り口に向かう壁にフックを。左／二男のスペース。ティッシュも机の天板にぶら下げ収納。

\ 使ったのはコレ！/

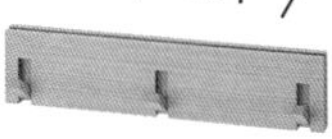

壁に付けられる家具3連ハンガー　オーク材突板　幅44×奥行2.5×高さ10㎝ ¥3,490／無印良品

小物にも帰る場所を用意しました！

ティッシュには 吊り下げカバー

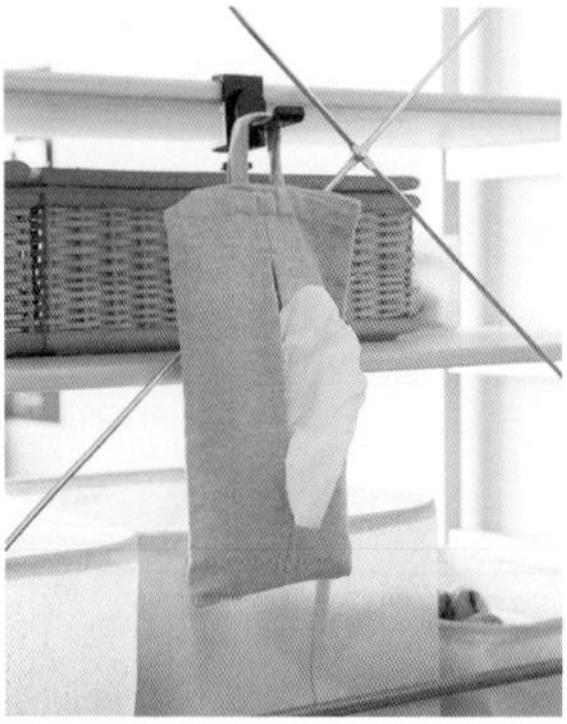

行方不明率ナンバーワン。誰かが持って行ったきり、戻さないのです。ひとり1個制にし、ティッシュカバーに入れて、それぞれのスペースに。なくなったときのリスクヘッジにも。

ソフトパックティッシュカバー　横16×縦27cm ¥110／Seria

ゴミには キャスター付き

すぐそこにゴミ箱があるのに、なぜかゴミが散らかる不思議……。ゴミ箱にキャスターをつけたら、自分のそばに引き寄せられて、散らかりが激減！　容量も14ℓ→24ℓにアップ。

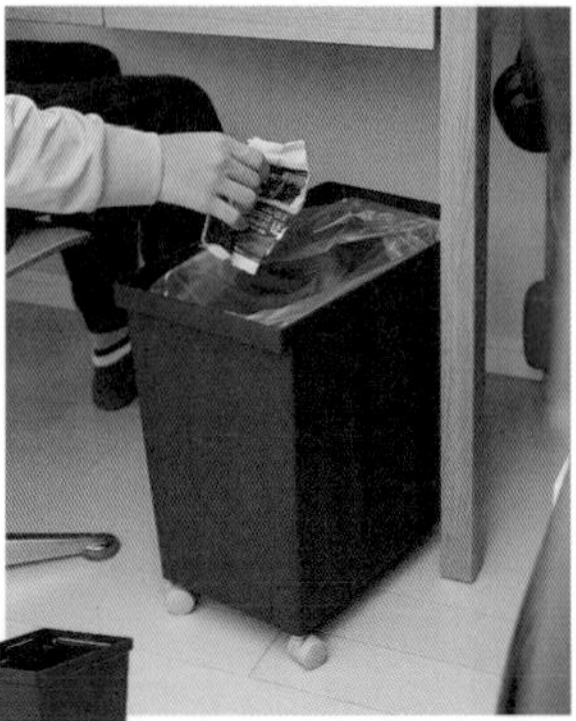

再生ポリプロピレン入りフタが選べるダストボックス　小／袋止付 約幅22×奥行37.5×高さ35cm ¥1,490　ポリプロピレン収納ケース用キャスター 4個セット　約幅3.5×奥行3.5×高さ6cm ¥390／無印良品

リモコンには 引っかけポケット

喧嘩の原因になりやすいリモコンの紛失。間仕切り棚に指定席をつくれば、両方からアクセスできて便利です。ポイッと放り込めるポケットタイプをセレクト。

キッチン小物収納ポケット　幅12×奥行12×高さ11.9cm ¥110／Seria

ヘッドホンには 奥長フック

机の上に置いてじゃまになりがちなヘッドホン。天板にクランプ式のフックを固定し、専用置き場をつくりました。写真の商品は「引っかけ部分が広くて置きやすい」と好評。

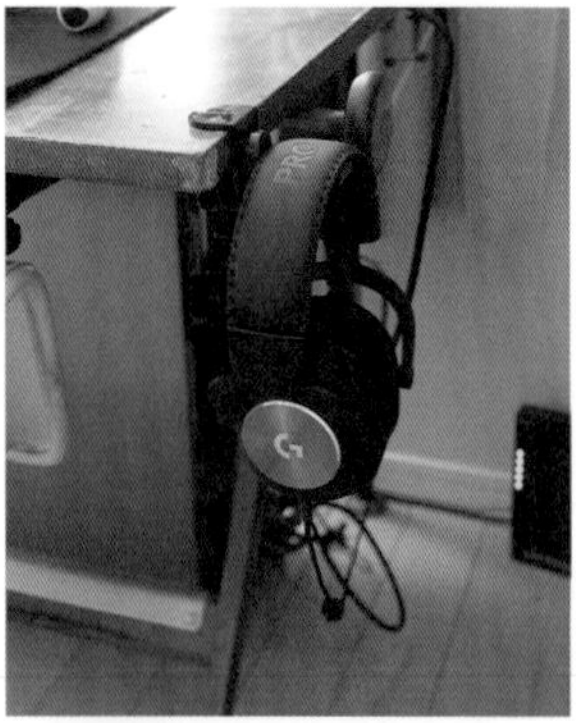

挟んで固定 クランプフック 横3.4×縦5.6×高さ8.4cm ¥110／Seria

悩み4

学用品を置くスペースがない！

BEFORE
本やおもちゃがいっぱいで、隣室に収納
ぎゅうぎゅう

んも～～行ったり来たり面倒だな～～

上／2軍の本やおもちゃのほか、家じゅうから集まったものがスペースを占拠……。下／リビングの学用品棚。子ども部屋からは距離があり、ものがきちんと戻らないことも。

リビング学習の名残で、学用品の棚はリビングに置いたまま。最近、長男、二男は子ども部屋で勉強するようになったので、行き来が面倒だと言われていました……。

今回の改造では、自分のものは自分で管理することが目標。学用品棚の移動を計画するものの、子ども部屋はものがいっぱいで、置く場所がありません！

ものを整理したところ、大人のものや家族の共用品など、「なんでここに？」というものがザックザク！いつの間にか、家の各所から溢れたものを収納していたのです。

子ども部屋には長男、二男のものを残し、そのほかはそれぞれの管理人の元へ。学用品棚を2人分設置し、近くて便利な収納をつくりました。

新しく設置した棚に、リビングの学用品や衣類、趣味のものを収納しました。わざわざ取りに行っていた学用品も、手を伸ばせば届く位置に。

解決
ものはあるべき場所へ

つっぱり棒で落下防止

背板のない棚は、押し込むと向こう側に落ちることも。それを防ぐため、棚の支柱につっぱり棒を渡し、ストッパーに。

布団収納はすき間活用

長男のスペースは通路を兼ねるため、布団を置くとじゃまに。そこで、窓際のデッドスペースを利用し、2人分の布団を収納しました。

使ったのはコレ！

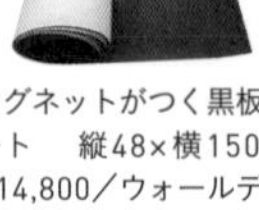

マグネットがつく黒板シート　縦48×横150cm　¥14,800／ウォールデコレーションストア

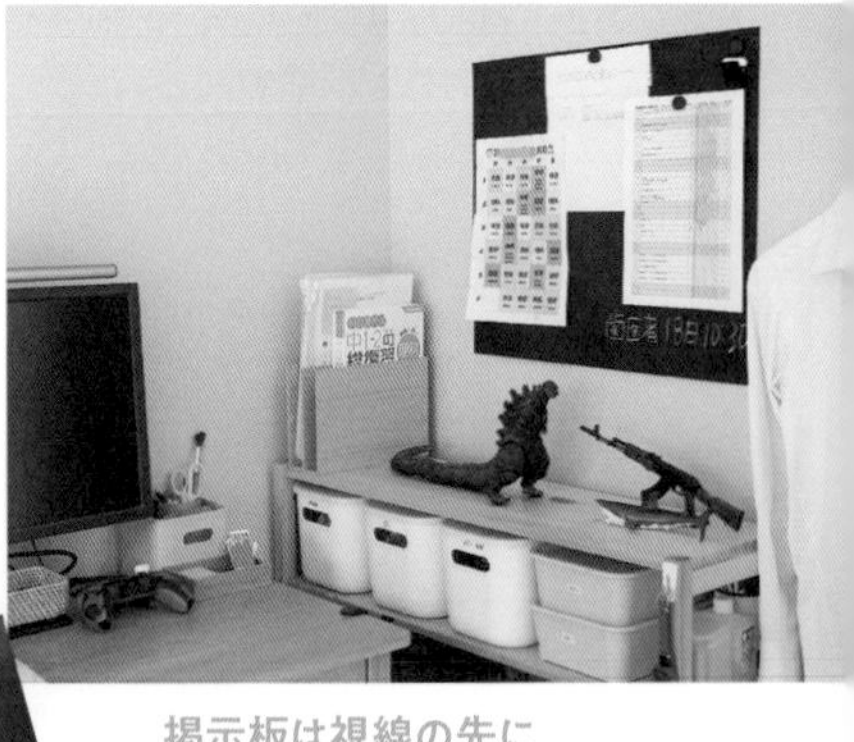

掲示板は視線の先に

掲示板もリビングから移動。黒板シートを貼り、時間割や予定表をマグネットで留めています。目につく場所なので、登校準備がラク。

子どものもの以外は別室に移しました！

母の私物は自分のスペースへ

AFTER

BEFORE

本棚に、私が昔使っていた画材を発見！　なぜここに収納したのか今となっては不明……。リビング収納から出てきた裁縫道具といっしょに、新設した自分のスペース（P78）に移動。

思い出の品はクロゼットへ

BEFORE
おえかきちょう
40枚入

AFTER

プリンター下の引き出しから、子どもたちの落書き帳や通信簿などがごっそり！　親が記念に取っておきたいものなので、子ども部屋はNG。クロゼットの「思い出コーナー」へ。

プリンターはファミリーライブラリーへ

BEFORE

AFTER

大人も使うプリンターが子ども部屋に。使うたびに二男に「電源入れて〜」と叫んでいたので、リビングのファミリーライブラリーに移し、使う人が自分で操作できるように。

みんなで使うものや大人のものがザクザク出てきた！

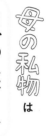

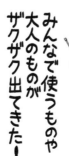

本はリビングのファミリーライブラリーへ移動しました！

本が部屋を圧迫。三男も出入りしづらい……

子どもの手が届くようにと、収納には背の低いカラボを使用。そのぶん、収納量に乏しく、床面積を取ってしまっています……。

リビングにカラボを集めて書庫に。みんなが使いやすい

複数のカラボをジョイント金具でつなぎ、収納量を確保。三方に囲まれたスペースは、ちょっとした秘密基地のようです。子ども部屋の本棚とプリンターもここへ。

子ども部屋で多かったのは本。夫や私、三男の本も交ざっていました。三男はときどきまとめて持ち出しているようで、戻し忘れた本がソファに散らばっているのを見かけます。

リビングは、学用品棚の移動でスペースに余裕ができたので、ファミリーライブラリーをつくることに。ここなら、いつでも誰でも自由に出入りできます。

本は整理して収まるだけにし、カテゴリー別に分けて収納しました。

整理の手順はP99へ

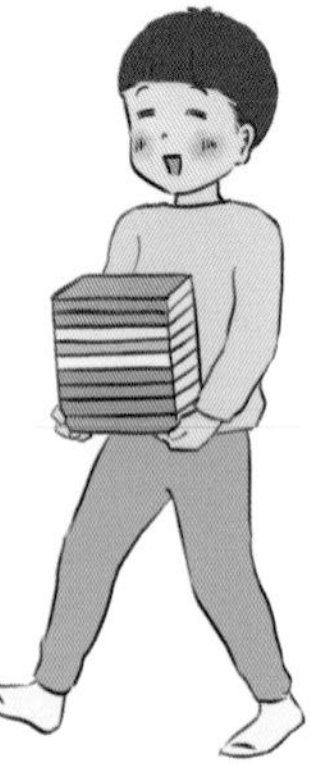

使いやすいライブラリーのつくり方

1

段ボールのひな段で奥を見やすく

本を前後2列に収納すると、後列が見えにくくなるので、底上げをしました。使ったのは、段ボール箱に入っている緩衝材。サイズピッタリにカットできて便利です。

2

ストッパーで、押し込んでも面が揃う工夫

棚の奥行きが余っていると、うっかり本を押し込んで面が凸凹に……。本の後ろにつっぱり棒を渡せば、適当に戻しても自然と1列に並び、見た目が整います。

3

書名がバラバラの本は見やすい位置に

シリーズものは、カバーの色で探せるので、比較的見つけやすいもの。一方いろんな書名の本を並べるときは、1冊ずつ目で追う必要があるので、目線の高さに配置。

4

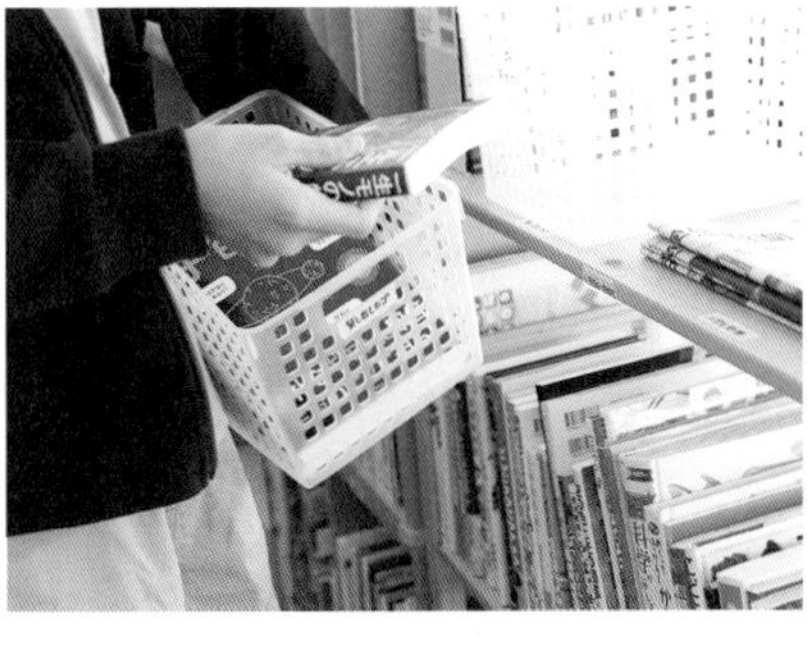

持ち出しやすく戻しやすい貸し出しカゴ

漫画をまとめ読みしたり、類書を集めたりするときの運搬用。二男は寝る前に何冊か選び、自分のスペースで読んでいます。図書館のような、選ぶ楽しさを発見!

＼ついでに リビングの収納を改造し、／ 第2ライブラリーに

BEFORE

スペースが活用しきれず、用途も曖昧……

棚と棚の間隔が広く、奥行も中途半端……。文房具、アルバム、書類、雑貨、私の私物など、雑多なものを収納していました。

AFTER

棚板を増やして収納量UP。思い出文庫に変身！

左右の棚に2枚ずつ棚板を追加。CDやゲームソフトを無駄なく収納できるようにしました。使用頻度の低いものを上・下段、アルバムは手に取りやすい中段に。

ずっと見て見ぬふりをしてきたリビングの造りつけ収納……。うまく使いこなせず、もったいないと思っていたのです。

今回、子ども部屋から出てきたCDやゲームソフトなど、取っておきたいメディア類をまとめて、「思い出コーナー」に。埋もれていた思い出の品が、いつでも見返せるようになりました。

分類MAP

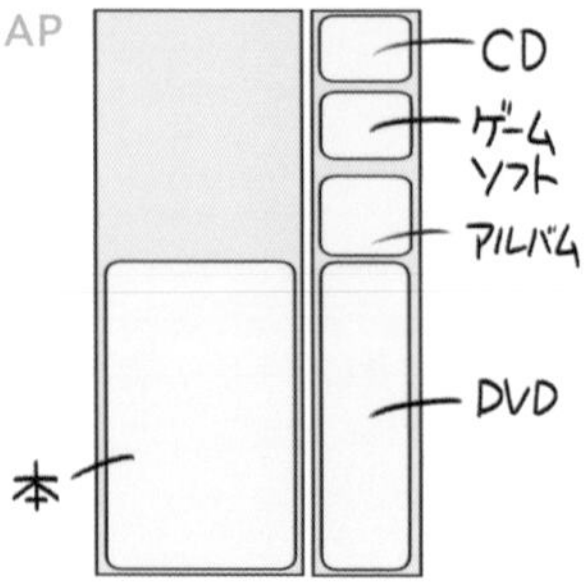

苦手な**棚板増やし**、やってみた！

「ひとり1空間」全公開！

**部屋を棚で分け、念願のマイスペースを実現！
長男、二男のスペース別にご紹介します。**

AFTER

机は通路に背を向けて配置。
人の出入りが気にならない

長男

スペース

間仕切り棚で人目を気にせず、マイペースに暮らす

上／壁に向かって机を配置。二男は棚の脇を通って入り口に向かうので、長男は気になりません。下／大事なものは引き出しにしまって、紛失を防止。

実録 BEFORE → AFTER

「2人ひと部屋」でもできた

身支度コーナー。重い鞄は台車の上に

壁にフックを取り付け、制服をかける場所に。ワイシャツ以外はハンガーを使わず、フックに引っかけるだけにしました。鞄は台車にのせて、移動をラクに。

学用品棚の高さが83㎝から175.5㎝になり、収納量が倍になりました。背が伸びたので、上段もラクに届きます。下段には教科書など重いもの、中段には衣類など軽いものを。

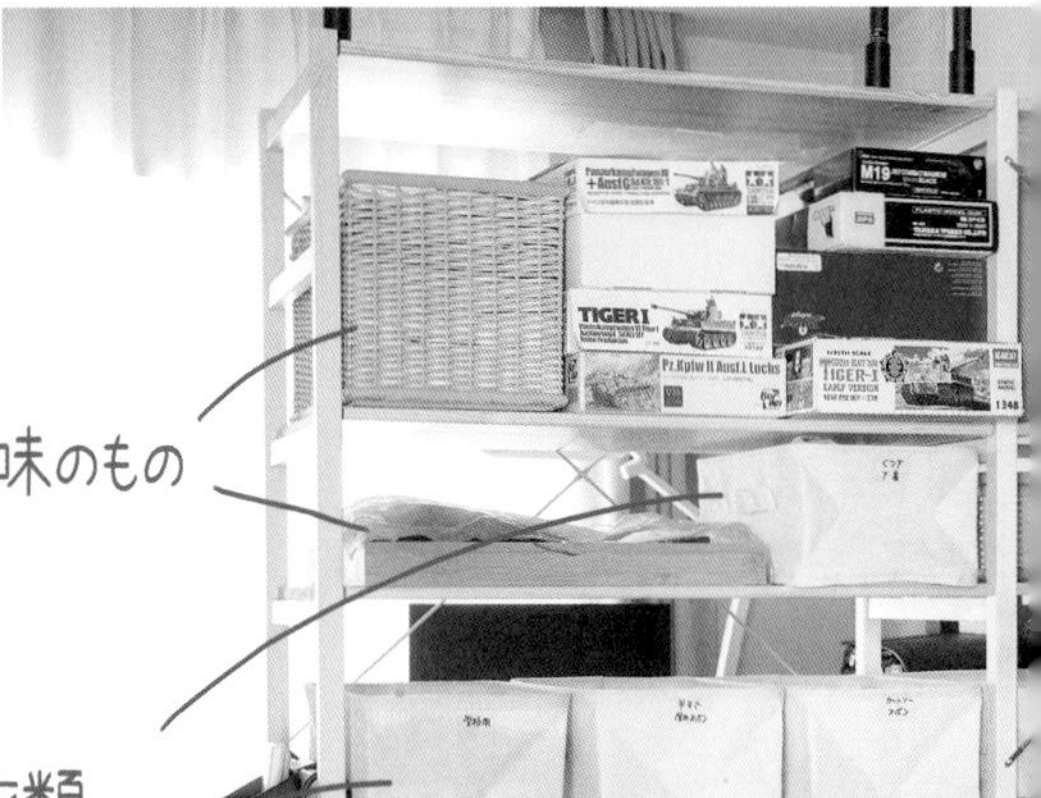

趣味のもの
衣類
教科書
古い教科書

古い教科書は下段に置いて、安定感UP

利き腕側に棚。片づけやすい

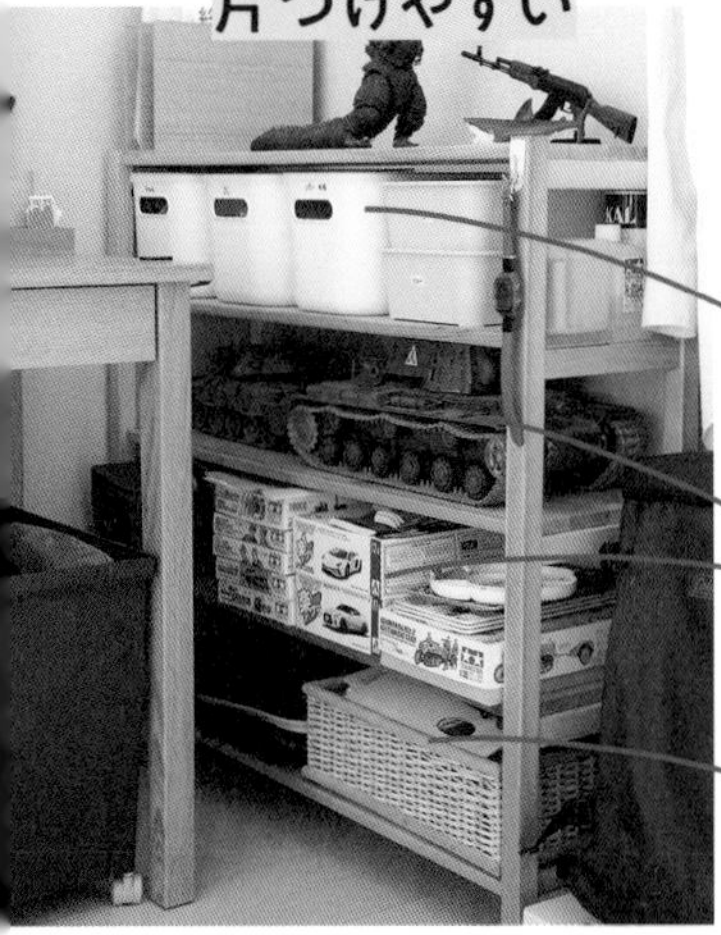

思い出箱
趣味のもの
学用品

リビングで使っていた学用品棚を机の脇に移動し、趣味のものや学用品の置き場所を確保。利き腕側に置くと、ものを出し入れしやすく、机の上が片づきます。

AFTER

壁と棚に囲まれた半個室で、ひとりの時間を満喫

部屋の奥がマイスペース。じゃまが入りにくい

上／二男のスペースは部屋の奥。人通りがなく、高い棚が壁になり、隣の気配を感じません。机は以前私が使っていたもの。下／視線の先にはお気に入りのグッズを。

掲示板の下にランドセル。登校準備がしやすい

壁に黒板シートを貼って、時間割や予定表などを掲示。ここを見れば、直近の動きが分かるので、親も安心です。すぐ下にランドセルを置いて、登校準備をスムーズに。

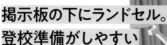

上着や帽子は、入り口に向かう壁に収納。通り道なので、着るのも片づけるのも便利です。フックは長男、二男ともP41で紹介したもの。固定式でブレないのが使いやすいそう。

通路に壁づけフック。上着を〝ついでがけ〟

高さがちょうどいい！

上段には持ち帰り学用品の置き場所をキープ

思い出箱
趣味のもの
衣類
教科書・本
学用品
古い教科書

上段は長期休みに持ち帰る学用品のためのスペース。3段目はオンシーズンの衣類で、着替え（トップス、ボトムス）、パジャマ、靴下・下着に分類。すき間から洗濯物が戻せます。

三男スペースも！

ひとり1空間 リビング生息中の三男にも、部屋をつくりました！

BEFORE

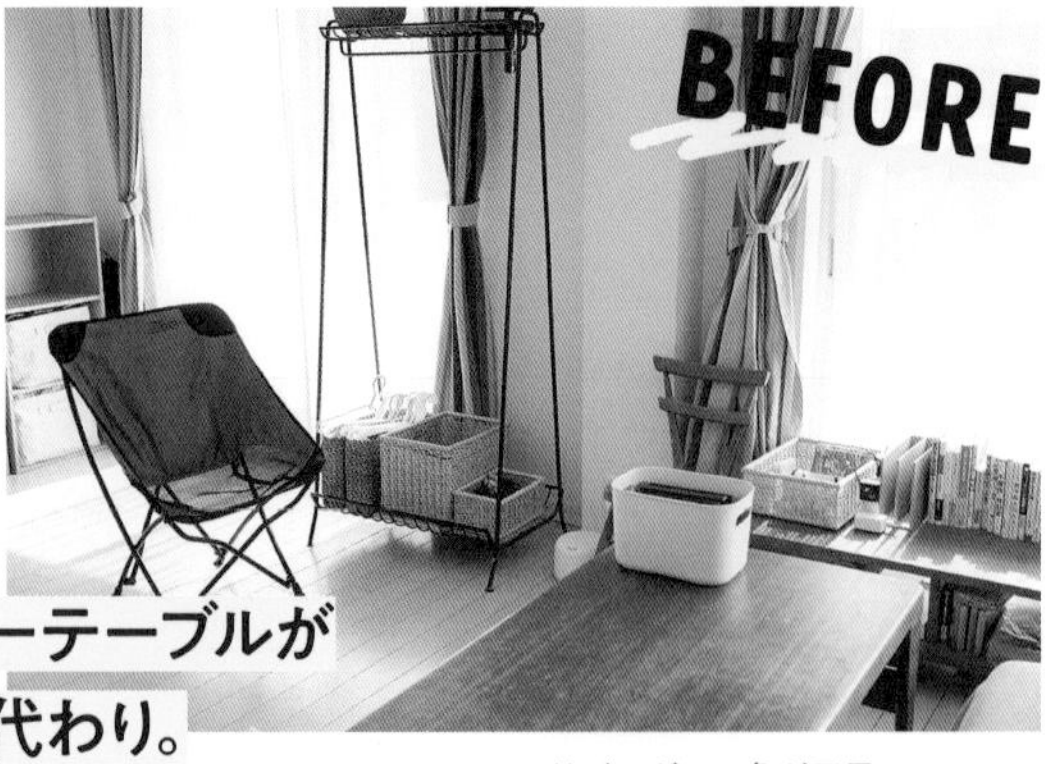

ローテーブルが机代わり。収納もAVボードを間借り

リビングの一角が三男スペース。机や収納は近くにあるものを使っています。家族がくつろぐ場所で騒ぐとクレームが……。

ファミリーライブラリーの本棚を間仕切りにし、窓際を三男のスペースに。布団にカバーをかけて簡易ソファをつくりました。勉強はダイニングテーブルで。

AFTER

リビングをカーテンで仕切り、カラボで収納スペースを

今回の改造は長男、二男の部屋がメイン。三男はリビングで親といっしょがいいのかなと思っていたら、なんと彼にも悩みが！　ゲームに合わせて音を出したり、鼻歌を歌ったりすると、兄2人から「うるさい！」と言われるのを気にしていたのです。

BEFORE

取り込んだ洗濯物をかけるハンガーラックにカゴを置いて、服の定位置に。洗濯物の量が多いときは、埋もれて探しにくいことも。

BEFORE

ダイニングのカウンター下に学用品置き場を。宿題やプリントチェックには便利ですが、食事のたびにリセットする必要が……。

AFTER

衣類はハンガーラックから収納棚へ

AVボードに布製ボックスを入れて、〝きがえ〟と〝くつした〟を。フタなしなら見つけやすく、出し入れがラク。自分のスペースに置いて、自己管理を促します。

AFTER

学用品はダイニングから自分のスペースへ

AVボードの上にカラボを重ねて収納棚に。学用品や私物の配置は、三男と相談しながら決めました。ランドセル上の壁に黒板シートを貼り、時間割を掲示。

わが家の最終目標は「ひとり1空間」なので、学用品棚があった場所に、三男のスペースをつくることに。入り口にはカーテンを吊るして、プライバシーを確保。三男は「ノックしてね」とうれしそうです。

リビングと違って、自分のスペースは自由に過ごしてOK。そのことをよく分かっている兄たちは三男を尊重。今ではそっと見守っています。

予定外のビフォアフ
リビングは片づくし
喧嘩はなくなるし
三男はご機嫌だしで
驚きの変化が!
やってよかった〜!

苦手な**カーテン取り付け**、やってみた！

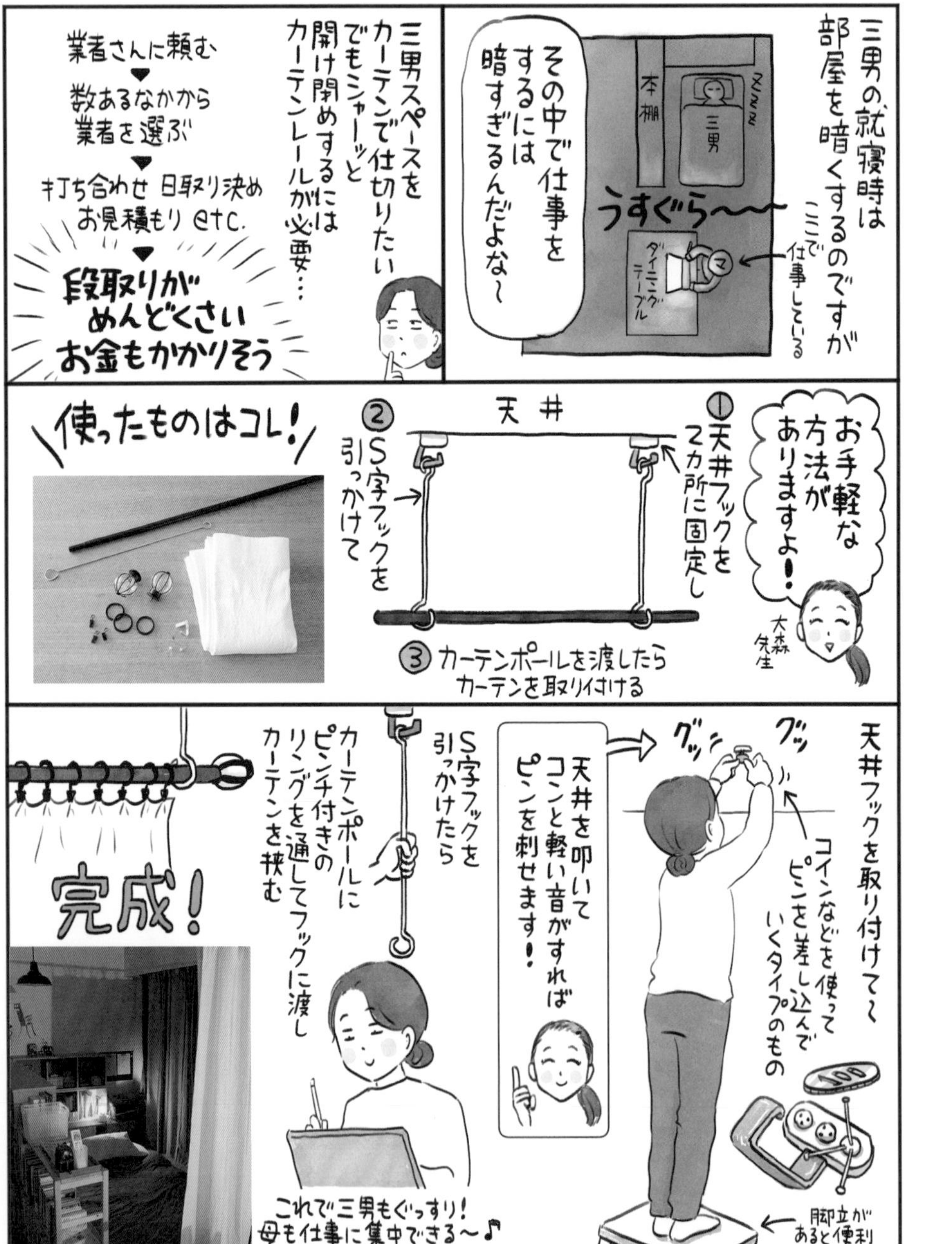

三男の就寝時は部屋を暗くするのですが
ここで仕事している
本棚
三男
ダイニングテーブル
マ
うすぐら〜〜〜
その中で仕事をするには暗すぎるんだよな〜
三男スペースをカーテンで仕切りたい でもシャーッと開け閉めするにはカーテンレールが必要…
業者さんに頼む
数あるなかから業者を選ぶ
打ち合わせ 日取り決め お見積もり etc.
段取りがめんどくさい お金もかかりそう
お手軽な方法がありますよ！
大森先生
①天井フックを2カ所に固定し
天井
②S字フックを引っかけて
③カーテンポールを渡したらカーテンを取り付ける
使ったものはコレ！
天井フックを取り付けて〜
グッ
グッ
コインなどを使ってピンを差し込んでいくタイプのもの
脚立があると便利
天井を叩いてコンと軽い音がすればピンを刺せます！
S字フックを引っかけたら
カーテンポールにピンチ付きのリングを通してフックに渡しカーテンを挟む
これで三男もぐっすり！母も仕事に集中できる〜♪
完成！

お部屋改造の費用も＼マルっと／公開！

改造で使用した購入品をすべてご紹介。カラボやボックスなど、家にあるものをできるだけ利用したせいか、思ったより安く上がりました！

長男・二男の部屋

木製デスク	34,900円
クランプ式引き出し	5,980円
木製シェルフ	19,900円
シェルフ用　棚板　7枚	20,300円
シェルフ用　帆立	3,990円
シェルフ用　クロスバー　2組	2,580円
布製ボックス　2サイズ6個	5,830円
仕切りスタンド	1,490円
家具転倒防止つっぱり棒　2組	6,798円
つっぱり棒　2本	220円
3連ハンガー　2個	6,980円
ダストボックス	1,490円
キャスター　4個	390円
ティッシュカバー　2個	220円
フックつきポケット	110円
クランプ式フック　2個	220円
ライト	24,450円

計135,848円

三男スペース

3段ボックス　2個	6,980円
布製ボックス　2個	1,380円
プリーツカーテン　2枚	7,980円
カーテンポール	500円
カーテンフィニアル	999円
カーテンフック、クリップ　20ピース	998円
天井フック　3個	1,497円
ロングS字フック　3本	969円
ティッシュカバー	110円
クランプ式フック　2個	220円

計21,633円

ファミリーライブラリー

シェルフ用ジョイント金具　8個	1,000円
つっぱり棒　2本	220円

計1,220円

第2ライブラリー

棚板　2サイズ4枚	4,420円
棚板用ダボ　8個	1,252円
2L判ポケットアルバム　3冊	330円
A4ポケットファイル	110円

計6,112円

母スペース

布製ボックス	890円
個別フォルダー 50枚入り	1,107円
フックつきポケット	110円

計2,107円

そのほか

図面ファイル　3冊	2,537円
吊戸棚用バスケット　4個	5,160円
プラカゴ　3個	330円
ラタンカゴ	2,990円

計11,017円

やって気づいた 大事なコトまとめ

その1

私物と共用品を分けるコトが大事

子どもたちを観察していると、ものがきっかけで喧嘩に発展することがよくあります。

「家にあるものはみんなのもの」と思っている節があり、個人が大事にしているものを勝手に触ったりするのです。

逆に、みんなで使う共用品（ティッシュやリモコン、ゲーム機など）を自分のスペースに持ち帰り、「どこやった？」「見つからない！」と喧嘩に……。

そんな悩みを解決すべく、導入したのがリビングの一時置き棚です。

家族の共用スペースであるリビングに私物を置き忘れたら、気づいた人がここへ。本人が自分で部屋に持ち帰るルールにしました。

リビングに残っているのは共用品だけなので、私物と共用品の違いがハッキリ！

棚の中身がみんなに見られることで、競争心や羞恥心が刺激されたのでしょうか。見事に機能し、喧嘩はもちろん、リビングが片づくというオマケも！

ちなみに、わが家ではこれを〝恥さらし棚〟と呼んでいます。

リビングに放置した私物は……

一時置き棚に強制移動！

右、左／洗濯物、帽子、教科書、財布……。子どもたちがリビングに持ち込んだ私物が置きっぱなしになったら、カラボへ移動。カラボは1人1段ずつスペースを割り当てています。

カラボが便利で、長い間愛用してきました。

　子どもの出し入れしやすさを考えると、背の低いほうがいいし、収納が足りなくなったら、そのぶんだけ買い足せて気楽です。それに、大型家具は部屋をますます狭くするのでは？　という心配がありました。家具で壁をふさぐと、圧迫感が増します。

　ところが、収納カウンセラーの大森さんから「低い位置はかえって使いにくいかもしれませんね」と言われ、ハッとしました。収納にはゴールデンゾーン（出し入れしやすい高さ）があり、人の身長によるそうです。長男、二男の身長は今や私を超える勢いで、ゴールデンゾーンも変わっているはず……！　部屋が散らかるのは、収納が子どもの成長に追いついていないせいかもしれないのです。

その2 成長に合った家具の導入が大事

右が幼稚園児、左が中・高生のゴールデンゾーン。腰〜目線の高さは、ものを出し入れしやすいと言われています。腰より下はしゃがむ必要があり、目線より上は奥が見えにくい。

　今回間仕切りに使った棚は、今の子どもたちが使いやすい高さ175・5㎝。ラクな姿勢で出し入れできるので、片づけが苦じゃないようです。

　これまで、家具の買い替えはあまり意識してきませんでしたが、今回の改造でその重要性を学びました。

その3 可変性のある家具を選ぶコトが大事

今回の改造は、なるべく〝あるものを生かして〟というのが裏テーマ。コスト面でも、処分の手間を考えても、そのほうが断然ラクです。

　たとえばリビングのファミリーライブラリーは、家じゅうから集めたカラボで本棚をつくりました。新たに導入した間仕切りの棚（33ページ）も、棚板や帆立が変えられるものを選び、将来使い回せるように。ものが増えたり場所が変わったりしても、パーツを買い替えれば、使い続けられます。

私は無印良品が好きで、パイン材シェルフ、スタッキングシェルフ、ポリプロピレン引き出しケースなどを愛用していますが、モジュール化されているせいか、組み替えがスムーズにいきました。引き出しを入れ替えて終了～なんてことも。処分品もほとんどありません。

「収納家具は可変性のあるものが、暮らしの変化に対応できて長く使えます。ロングセラー品で、サイズ展開が豊富なものがオススメ！」（大森さん）

部材の変更や追加で収納量が自在に！

棚板や帆立などパーツの買い替えや買い足しができると、収納量や収納場所に合った収納がつくれます。スタッキングシェルフのように、追加棚で収納が拡張できる商品も。

パイン材ユニットシェルフ・帆立・大　高さ175.5×奥行39.5cm用 ¥3,990　パイン材ユニットシェルフ・棚板・86cm幅用　幅86×奥行39.5cmタイプ ¥2,990 パイン材ユニットシェルフ用クロスバーL　幅86cmタイプ用 ¥1,290／無印良品

スタッキングシェルフ・2段・オーク材　幅42×奥行28.5×高さ81.5cm ¥13,900 スタッキングシェルフ・追加2段・オーク材　幅40×奥行28.5×高さ81.5cm ¥12,900／無印良品

その4　子どもの“好き”を尊重するのが大事

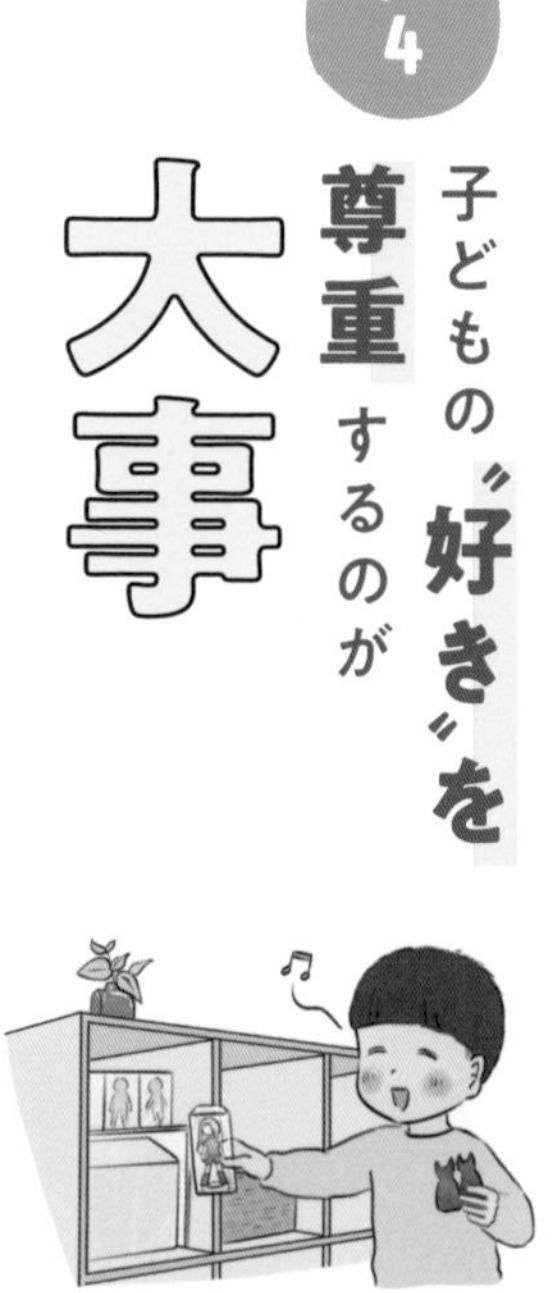

長男、二男が三男の年齢の頃は、インテリアや収納にあまり興味を示さず、部屋づくりは私任せでした。

三男もそうだと思って、私が勝手にどんどん進めていると、「入れ物はこっちがいい！」「ここにはこれを飾りたい～」とキッパリ！

「インテリアや収納をつくるときは、お子さんに相談するといいですよ。親が思うより、子どもは自分なりの価値観をもっています。よかれと思ったしくみがはまらない場合は、そこに原因がある場合も」と大森さん。

本人の好みを取り入れることで、部屋をキレイに保とうとするのは、三男のスペースを見ても明らか。ものの定位置があり、きちんと整頓されています。

本人はご機嫌で、周囲は快適。言うことなし！です。

三男のスペース。フィギュアをひとつずつケースに入れて、ラップでホコリよけを。上にはアロマオイルや猫の置物をディスプレイ。

PART

2

子ども部屋と収納ヒストリー

長男が7歳から11歳までの、子どもスペースの移り変わりをご紹介。年齢に合わせて、家具の配置や収納の仕方を変えています。

子どもスペースと収納の変化

2歳〜11歳まで

付き添い期

おもちゃや絵本の〝全出し床散らかり〟対策に必死！

子どもたちが遊んだあとは、いわゆる〝全出し床散らかり〟になるため、私は片づけがストレスに……。そこで、遊びのルールを設け、散らかりを抑えるようにしました。三男はなんでも口に入れたがる年頃だったので、おもちゃを分けて安全を確保。また、長男が小学生になり、学用品の管理が始まりました。

見守り期

登校準備ができる収納に。

私物の管理がスタート！

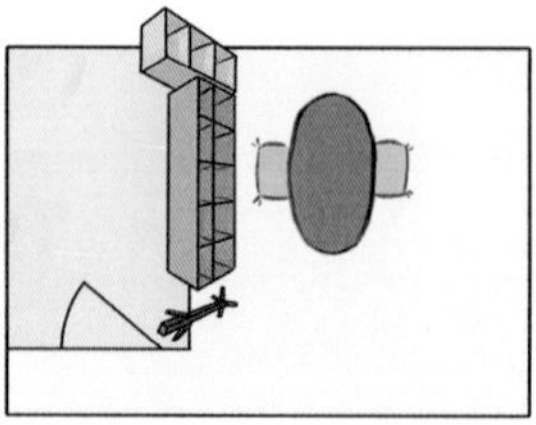

床遊びのスペースを広く

リビングの奥に子どもスペースを。家具は最小限にし、遊ぶ場所を広く取りました。カラボにはおもちゃと絵本、長男の学用品を収納。

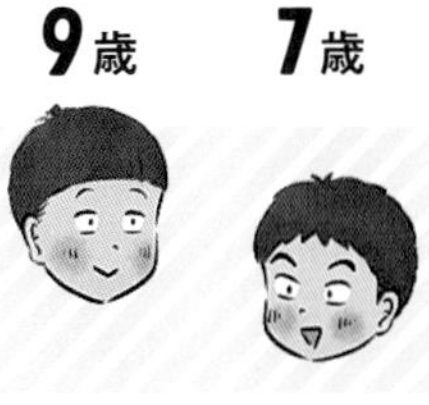

小学生が2人に。登校準備を任せるため、収納のしくみをつくります。子ども目線に立ち、カラボの高さを変えたり、収納用品をおそろいにしたり。遊びの面では、本や工作物が出しっぱなしになるため、一気に片づける作戦を取りました。また、私物が増えてきたので、宝箱をつくり自分で管理する練習も。

L字配置で学用品を区別

カラボを1台追加し、L字に配置。学用品と絵本・おもちゃゾーンに分け、ものの混在を防ぎました。コートラックは玄関への通り道に移動。

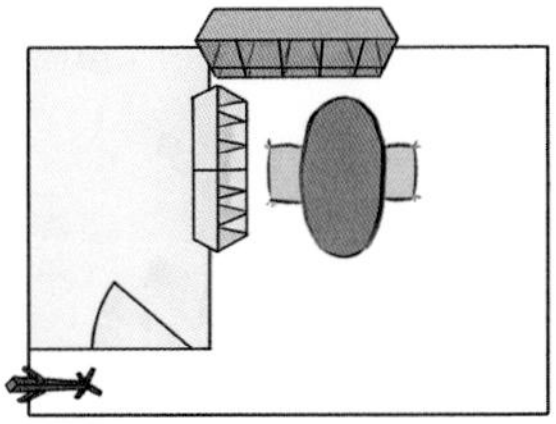

親離れ期

学校や習い事の予定が増加。共用品の紛失で喧嘩も……

3人とも小学生に。スケジュールの管理が大変になってきたので、子どもたちに任せつつ、掲示板を使って情報を共有。また、三男がゲームやYouTubeを覚え、ゲーム機やタブレットの取り合いが頻発するようになりました。3人の活動時間に差が出始め、一斉の片づけが難しくなってきたのもこの頃です。

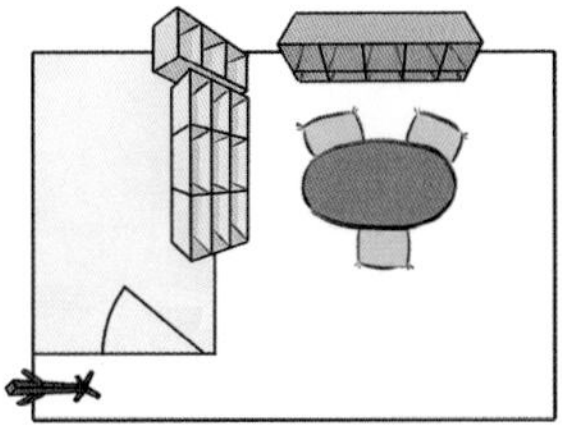

棚を3台投入し、個人使用

学用品の収納を棚3台に変え、1人ひと棚制にしました。カラボからおもちゃが消え、ほぼ本棚に。座卓が窮屈になり、居場所が分散し始めます。

付き添い期の困った!
小学生・幼稚園児・未就園児が揃ったこの時代はなかなかのカオスだった
工作中の長男
マメ蔵 ハサミは触っちゃダメよ
ン
遊ぶスペースをつくるために長男の工作用品をどかしている
ザーッ
箱ひっくり返し!!
も〜〜 マメ蔵 やめてよ〜〜
ドシャー
ガシャ
ガシャン
ガチャン
マグネットブロック
容赦なくブロックを全出しする三男
一方二男は床全面を使って電車遊びに興じていた
よ〜し上手にできたからこのままにしておこう
そう言って次の遊びに移る二男

兄たちが細かいおもちゃで遊び始めたら注意が必要
パズルブロック
にじり…
にじり…
コラッ
マメ蔵!!
口に入れないよッ
危機一髪
ビクッ
なんでも口に入れがちな2歳児時代
そして遊び終えた部屋を見ると…
ぐちゃあ〜
おもちゃ全出し〜
工作やりっぱなし〜
え〜と電車はこっち
積み木はこっち…
「お片づけしよう」のかけ声もむなしく母ひとりで片づけるの図
この頃は散らかりの最盛期で
どうしてこんなに散らかるの?
とにかく毎日が片づけ地獄なのでした

リビングの子どもスペース。本やおもちゃは使用頻度で分け、1軍をここに。2軍は子どもたちの寝室に収納。

解決策！

遊び方のルールを決めて、親も安心できる収納に

この頃の子どもたちは、おもちゃをカゴから出し、飽きたらまた次を出し……という状態。子どもスペースの床は、あっという間におもちゃで埋まっていきました。

まだ遊びながら片づけることができなかったので、おもちゃは〝一度に1種類〟と決め、片づけてから次を出すルールに。おもちゃの種類が分かると私も安心できて、つきっきりから解放されます。

片づけはカゴを用意し、「ここに放り込んでね」というシンプルなルールに。種類別にざっくりと分けてはいたものの、床やテーブルが片づけばいいので、多少交ざっても気にしません。

おもちゃを口に入れたがる三男には、サイズを選り分けた専用カゴを。

おもちゃは1種類ずつ入れ替え制に

おもちゃで遊ぶときは1種類だけ。一度に2種類出すと床じゅうに散らかり、おもちゃを仕分けする手間も必要になります。児童館の方法を真似しました。

2軍は隣の部屋に

プロの視点！

この年頃は興味の対象が変わりやすいので、1種類ずつ出すのはいいアイデア！（大森さん）

登校準備がすぐ整う セット収納

ファイルボックスに教科書やノートをまとめ、すぐそばには時間割と文房具を。あちこち探さずにすむので、登校準備がスピーディ。

工作エリアで散らかりを最小限に

右／カラボ上なら三男の手が届かず、遊びに集中できます。材料が広範囲に散らからないメリットも。触ると危険なハサミもここ。左／ものは使う数だけ持つように。ハサミは3本。

ハサミは人数分持つ

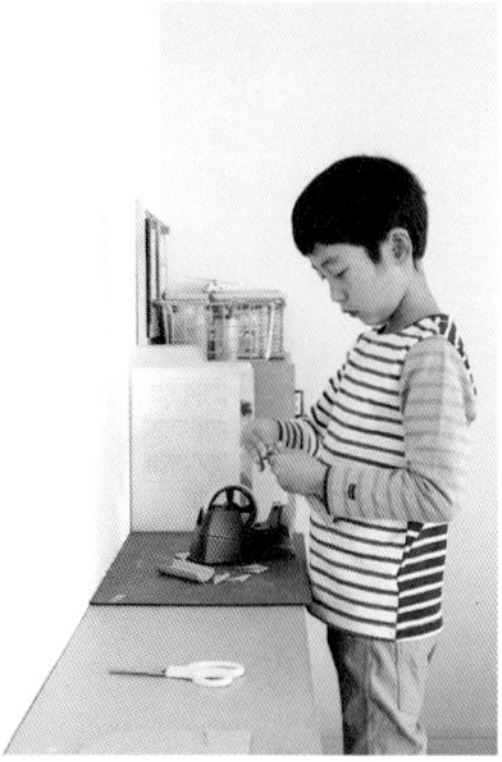

2歳児専用。ポイポイ入れるだけ

三男のおもちゃは口に入らない大きさのものを選び、専用のカゴに。カゴなら口が広く、ポイッと投げ込めば片づきます。

ハサミなど危険なものは、手が届かない高い場所に。

いくつかのゆるいルールで、散らかりをできるだけ抑え、片づけに追われない生活を。子どもも親もご機嫌でいられるよう、心がけました。

見守り期の困った！
小学生が2人になり
学用品が2人分に増え
登校準備がバタバタ
するようになりました
体育着どっちか忘れてるよ！
水筒は持った!?
あっオレのだ！
オレは持ったよ
まだひとりでの準備が
完璧ではない3年生と
親の助けが必要な1年生
それに加えて
三男の
登園準備もある
どうにか…
どうにか自分たちで
支度できるように
なってほしい…
お母ちゃんピアニカどこ～？
お母ちゃんティッシュ持ってきて～
そして子どもたちが帰宅
したあとは本が散らかるように…
①本を持ってくる→②読む→③置く
④次に読む本を持ってくる→②に戻る
本だらけ～
（マンガ多め）
次の本を
取りに行くときに
今まで読んでいた本を
戻せば散らからない
んじゃないかな？
母の考え
でも何度も
本棚に行ったり
来たりするの
大変なんだ
読み終わったら
一気に片づける方が
ラクチンだよ
子の考え

まぁ たしかに そう言われれば そうかもしれない
なるほど
ここは子どもの 意見を尊重して 様子を見るか…
その結果
本が戻されることは ないのであった
裏切られた…
本の散らかり問題の 他にも悩ましいことがあった それは…
あっそれ オレのだぞ!
これはオレが サンタさんに もらったの!
ヤダー ボクも 遊びたい
さわっちゃ ダメ!
だんだんと 「自分だけのもの」 「誰にも使わせたくない」 という所有欲めいた ものが芽生え始め
長男の大事なもの
二男の宝物
三男はまだ こだわりナシ
こんな感じの 小競り合いが 増えてきたのも この頃だった
おうちにあるものは みんなで仲良く、という 時代は終わったのであった
仲裁役が 増えてきた
まぁ まぁ

小学生が2人になったので、登校準備や片づけを任せたいと、学用品の収納に頭を悩ませました。

ランドセルを着脱しやすいよう、カラボを2段から1段に。教科書や道具を入れたボックスはおそろいにし、位置も同じにしました。収納をフォーマット化することで、親も手助けしやすいと考えたのです。

また、カラボ上を翌日の持ち物置き場にし、忘れ物のチェックに役立てました。

兄たちはおもちゃで遊ぶことが減り、本や工作物の出しっぱなしが目立つように。寝る前になっても散らかったままなら、リセットタイムで一斉にお片づけ。翌朝部屋がスッキリしていればまぁいいか！ と気楽に構えるのがよかったようです。


解決策！

夜の一斉リセットでスッキリ！ 学校組はしくみをいっしょに

9歳

7歳

4歳

細かなおもちゃが増えてきたので、家にあるカゴを総動員。"ポイポイ収納"を継続し、なんとか片づけていました。

子どもたちの私物が増え、うっかり触って小競り合いが絶えなかったのもこの頃。大事なものは宝箱に入れて自己管理。とはいえ全権委任とはせず、ゲーム機などはきっちり親が管理していました。

本の散らかりは1日1回リセット

本や工作物の散らかりは、夕食前や寝る前のリセットタイムで片づけを促していました。遊びに集中する時間が長くなってきたので、自分たちのペースにゆだねるように。

プロの視点！

きょうだいの場合、同じ家具や入れ物で平等な収納をつくることはとても大事です（大森さん）

同じ入れ物や位置でわかりやすく

左／左が二男で、右が長男。配置は左右対称にしています。カラボの上には翌日の持ち物をセット。右／半透明のボックスは道具入れにするなど、中身を同じに。

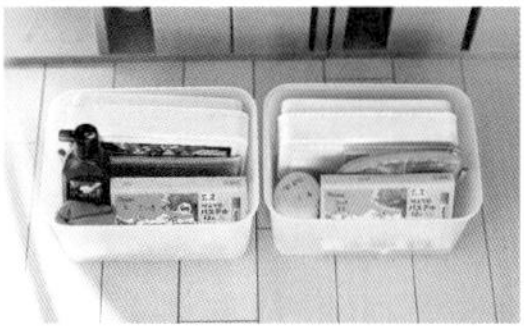

私物は自己管理、ゲーム機は親管理

右／私物を大事にする気持ちが強くなってきました。一方で共用品との区別が難しいので、人に触れられたくないものは宝箱に。左／ゲーム機などは親の目が届くダイニングで保管。

親離れ期の困った！
3人が小学生になると学校行事や習いごと歯列矯正も始まりスケジュール管理がより複雑に
え〜〜と
参観日は低学年が13日 中学年が15日 高学年が16日
長男の矯正が木曜日で二男は日曜日 日曜日の午後はドラムのレッスンもあるんだった
三男は来週月・水が短縮授業か…
学校からのお便りの枚数が半端ない
もうどれが誰のものやら
ズラ〜〜〜
※1日分
長期休暇は持ち帰った学用品が棚からあふれる
キャパオーバー
幼少期とはまた違った問題に悩まされるようになった
仕事が忙しい時期は子ども関連の管理がかなりの負担に…
負担
ズ〜ン

6年生と1年生では
生活リズムも大きく異なり
小さい頃のような片づけ方も
通用しなくなってきた
幼児期
ハーイ
テレビの前に
お片づけ
しようね〜
学童期
そろそろ
片づけを…
えーっ オレ
さっき
帰ってきた
ばっかり
○○くんと
遊んで
くるー
子どもが小さい頃は
仕事もしてなかったし
子どもと家のことに
全振りできてたけど…
今は自分の仕事の
管理もあるし
やり方を
変えていかないと
生活が回らなく
なってしまう
長男はじきに
中学生だし
二男も高学年…
上の2人の管理は
手放していきたい
ところだわ
システムを
考えねば〜
あとゲームに熱中しすぎて
独占状態になるのも
考えものだなあ…
プンスカ
いいかげん
ボクにも使わせてっ
そんで使ったら
戻して！
おまえだって
戻さないとき
あるだろ
ハア…
ルールの見直しが必要です

三男の学用品が加わり、子どもスペースが手狭に。私のデスクを移動しました。壁の掲示物も増え、対策に頭を悩ませている頃。

解決策！

掲示板で予定を〝見える化〟。共用品は分かりやすい場所に

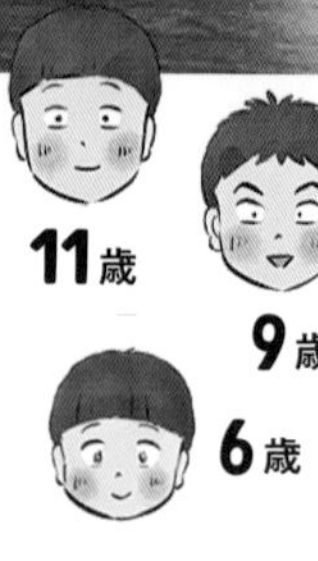
11歳
9歳
6歳

三男が小学生になり、学校の行事や習い事など、予定が増えてきました。カレンダーに書ききれなくなったので、掲示板にプリントを貼り、予定を〝見える化〟。兄2人は自分で把握し、親もフォローできるようにしました。

学用品も3人分に増えたため、収納スペースを拡張。1人ひと棚制にし、自己管理を促します。収納のしくみは3人いっしょなので、三男は見よう見まねで覚えていました。

この頃になると、三男は兄2人と同じ遊びに参戦するようになります。ゲーム機の奪い合いになったり、自分のスペースに持ち帰ったりして、ささいな喧嘩に発展することも……。それを回避するため、みんなで使うものは私物と分け、誰でも分かる場

所に配置。
　また、片づけにも変化が表れ、リセットタイムに一斉に片づけるのが困難に……。それぞれのスケジュールや体調に合わせ、自分のタイミングで片づければよし、としました。

プリント掲示板を設置し、親子でチェック

左／学用品棚の上に、マグネットOKの黒板シートを追加。プリントや連絡事項を掲示し、家族の情報ステーションに。右上・右下／ボックスやカゴは、用途を同じにしています。

プロの視点！

壁の掲示板は、出すのを忘れがちなプリントを貼る習慣ができていいですね！（大森さん）

共用品の位置を決めて紛失防止

「どこやった？」「誰か使ってる？」。3人で使うゲーム機が見つからず、喧嘩になりがちなので、リビングのテーブルを定位置にしました。

持ち帰り学用品のスペースを確保

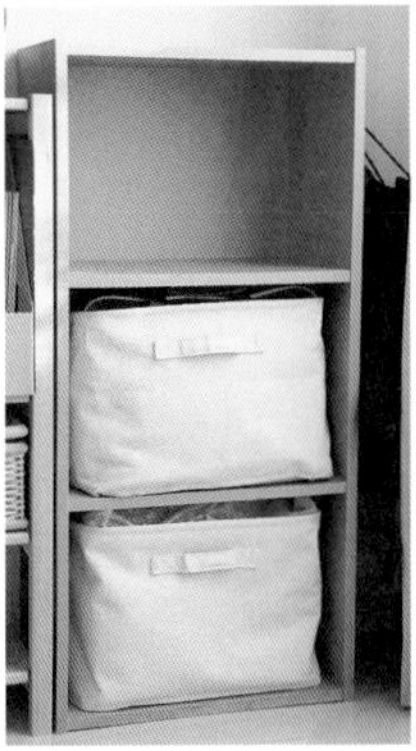

絵の具や習字道具など、学校から持ち帰る学用品に備えて、収納場所を用意しました。布製ボックスはたくさん入り、引き出せて探しやすい。

趣味の道具はトレイ収納で出し入れ1回

長男の趣味はプラモデルの製作。塗料や筆、パレットなどをトレイに収納すれば、出し入れしやすく、すぐ使えます。

番外編
母スペースヒストリー
「リビング学習が賢い子どもを育てる」だってさ
2014年頃
なるほどね〜そんな考え方もあるんだね〜
ほほう…
ある意味うちもリビング学習じゃん
リビングの一角が子どもスペース
たしかに家事をやりながら宿題を見たり相手をしたりして合理的ではあるけど
リビングどころかダイニングも子に占拠されている
子そだてBOOK
私は仕事場難民状態なんだよな〜
仕事…仕事をする場所はどこ…
子どもスペースの端っこをワークスペースにしたときは
2014〜2019年くらい
子どもとの距離が近すぎて仕事に集中できなかった
お母ちゃんライオン描いてみて
うん…うん…もうちょっと待ってて…
絵本読んで〜
おやつ〜

兄2人が今の子ども部屋に移ってからはダイニングで仕事をしてたけど
三男
ここで仕事
2020年頃
三男はリビングで寝てたから
ライトに布を巻いて部屋を暗くして毎晩仕事してたのよね…
仕事環境がずっと安定しなかった
このところでは長男が大人時間で活動するようになって
ウロウロ
お母ちゃん何食べてるの
ギクリ
高級チョコレート
PM 10
夜のひとり時間もくつろげないし
着替えはいちいち脱衣所に行かなきゃだし
着替えますよ〜
コンコン
リラックスして過ごせる空間が欲しい!
母だって自分だけの居場所がほしいのよ…!
理想図
というわけで
ダイニングを自分スペースに改造にしちゃいます
詳細はP78へ!

／ひとり1空間／母のスペースもつくりました!

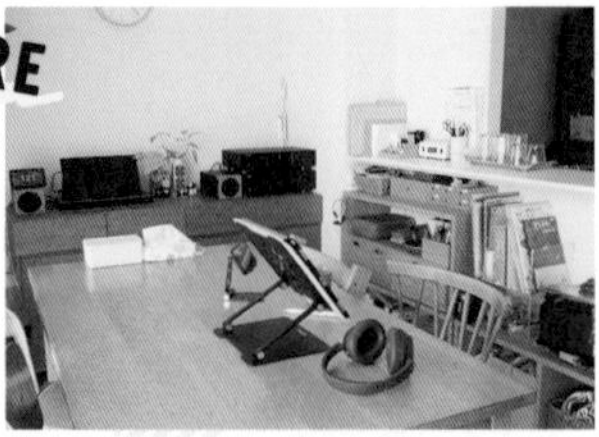

食卓を移動し、落ち着く場所に

ダイニングのテーブルとリビングのローテーブルを入れ替え。家族の集まる場所がリビングに移り、静かな空間が生まれました。カフェボードの上には趣味の昆虫観察ケージを。

兄2人がリビング学習を卒業したのを機に、リビングダイニングの模様替えを決行! テーブルをリビングに移し、空いたスペースに私の居場所をつくりました。

キッチンに背を向け、ベランダを望めば、人の気配はそれほど気になりません。昼は仕事に集中し、夜は好きなことに没入。あとは三男スペースのようにカーテンで仕切れば、完璧です!

これで家族全員がマイスペースをゲット。お互いの暮らしを尊重し合える大人の関係を目指します!

私物を1カ所に

カウンター下にあった三男の学用品を移動し、家じゅうに散らばっていた私のものを集結。服のほか、仕事道具、資料などを収納しています。

〝好き〟を飾る

好きで集めていたポストカードや海外の切手などを貼り、私の居場所であることをアピール。セルジュ・ムーユのフロアランプは結婚祝い。

PART 3

子どもの片づけと整理収納

思春期到来で片づけのしくみが崩壊……！
プロに正しい片づけ方を教わりました。
子ども用品の持ち方や収納法もアップデート。

片づけが苦手です
ごちゃあ…
いくら片づけてもちょっと油断しただけであっという間に散らかるもんな～
定期的に整頓
引き出しも冷蔵庫も食器棚も
ピシ！
数日後…
パン
ぐちゃあ～
何度片づけてもす～ぐ散らかります
子どもの頃から整理整頓が苦手で
あれ～？靴下が片っぽずつしかない～
忘れものやなくしものが多かった
今と変わらない
散らかる原因は使ったらすぐ元の場所に戻さないからで、なんで戻さないかっていうと片づけやすいしくみが整っていないからなのである
よく行方不明になるものたち
よく使うのに置き場所が遠くて
あっちに行ったときついでに戻そう
とか
戻そうと思ったら入れにくくて
とりあえずこっちに置いておこう
ごちゃあ～
とか
小さい頃からこういうことがとにかく多い

片づけ自体は たぶん嫌いじゃないんだけど…
幼少期
お母さ〜ん部屋片づけた！
見て〜！
あら！スッキリしたわね〜！
母
片づけ方に問題がある
ベッドの下に押し込む
棚や引き出しになんでも突っ込む
片づけたはいいけどしまう場所が定まらなくて
ガムテープがまたないんだけど〜
紅茶のストックどこにしまった？
ごめん…〜
20代
マルサイ
夫と2人暮らしを始めた頃はしょっちゅう夫を困らせていた
つまり私は片づけが苦手というより…
部屋がキレイになるのは好き
フゥ
しくみづくりが苦手なのかもしれない
まぁそれも含めて「片づけが苦手」なんだけど…
食品ストックケース
カオス
そしてその片づけ苦手問題は子どもが生まれてからますます私を悩ませるのであった
2009年
第一子誕生
よ〜しちゃんとしたお母さんになるぞ〜！
30代

片づけられないことで
たくさんの苦労を
してきたので
えほん
子どもは
片づけができる人に
育ててあげたい
という思いが
強くありました
新婚時代も
カリスマ主婦を
目指す!
ごはんも
片づけも
完璧な
主婦に!
などと
言っていたので
SNSや雑誌を
参考にして
わぁ~ステキ~
うちも
こうしたい~
なるほど
こうすれば
子どもでも
お片づけ
できるんだね
子どものおもちゃはコレ!
つみき
ブロック
いいなと思った
アイデアは片っ端から
まねしていました
たとえばこんなかんじ
ポイポイ収納~!
フタつきや
引き出しよりも
アクション数が
少ないカゴの方が
お片づけ
しやすいんだって
ヘェ~

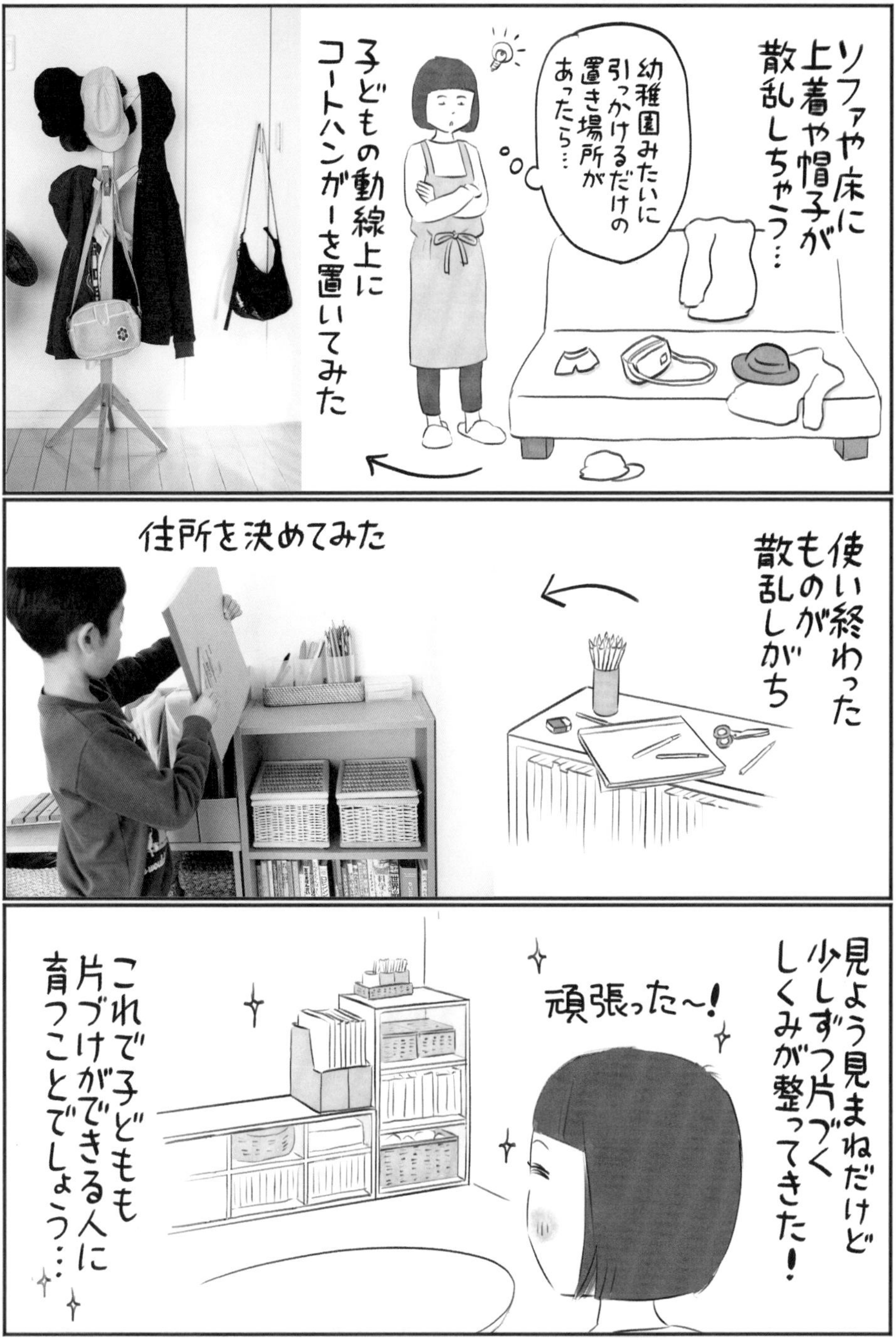
ソファや床に上着や帽子が散乱しちゃう…
幼稚園みたいに引っかけるだけの置き場所があったら…
子どもの動線上にコートハンガーを置いてみた
使い終わったものが散乱しがち
住所を決めてみた
見よう見まねだけど少しずつ片づくしくみが整ってきた！
頑張った～！
これで子どもも片づけができる人に育つことでしょう…

ところがどっこい
思うようにいかないのは
子育ての常ではあるが
マルサイのお片づけ育も
ちっとも思うように
いかないのであった
オレの手袋が
ないんだけど～～
お母ちゃん
どこやったの!?
ポイ
ポイ
棚の上に
放ってあったから
上着といっしょに
置いておいたよ
放ってないよ!
棚の上の方が
登校するとき
やりやすいの!
それならばと
棚の上に手袋を
入れるケースを
置いてみたのだが
住所を決めて
紛失防止!
ケースはゴミ入れと化し
手袋が入ることは
なかった
手袋
入れりゃいいじゃん
またあるときは
彫刻刀
持っていかなきゃ
ガサ
ゴソ
んもう～
なんか出しにくい
ガサ
ゴソ
ぐっちゃー
使いやすく
片づけやすい
しくみをつくった
はずなのに…!
使用頻度の
低い道具を
入れている箱

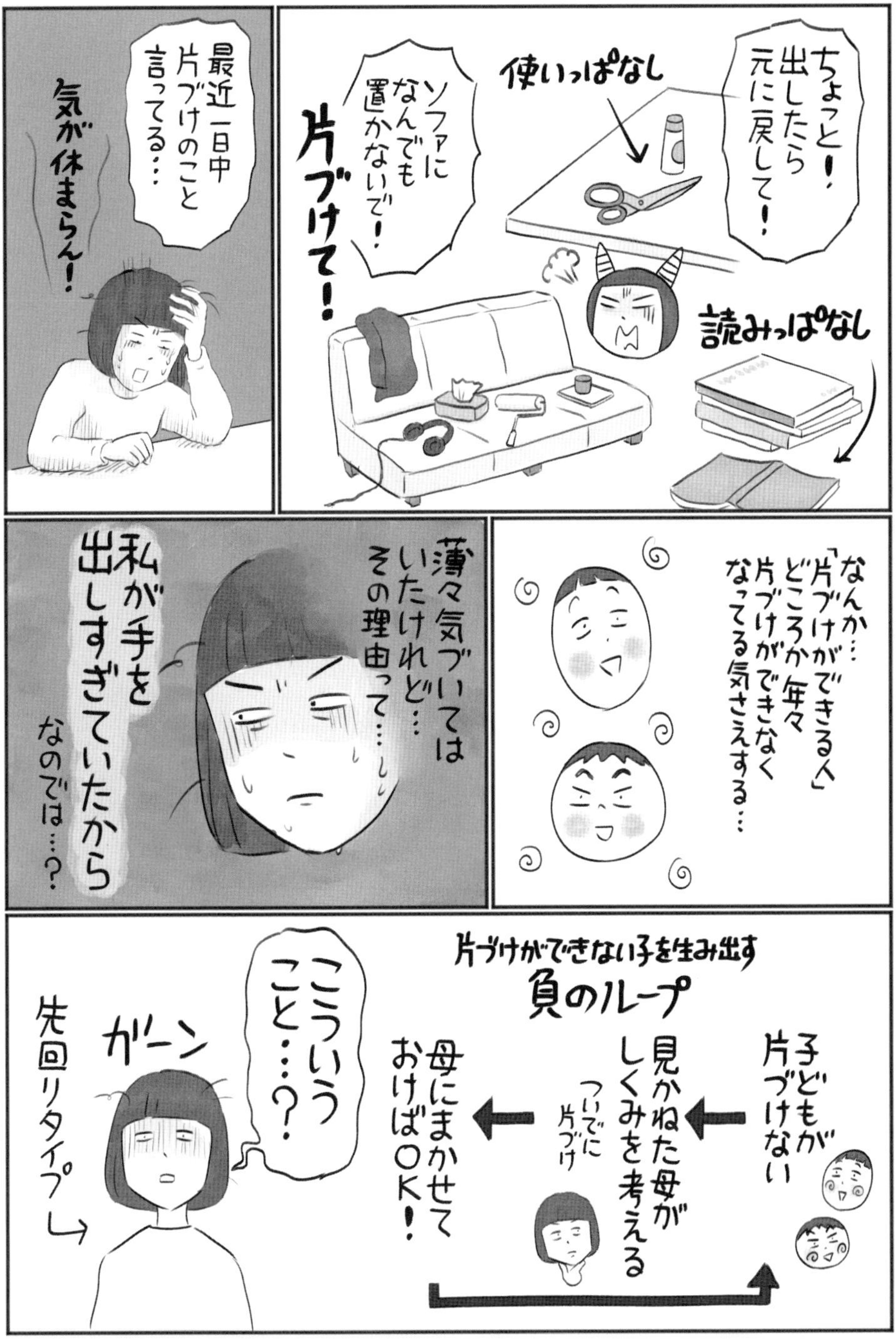
ちょっと！出したら元に戻して！
使いっぱなし
ソファになんでも置かないで！
片づけて！
読みっぱなし
最近一日中片づけのこと言ってる…
気が休まらん！
なんか…「片づけができる人」どころか年々片づけができなくなってる気さえする…
薄々気づいてはいたけれど…その理由って…
私が手を出しすぎていたから
なのでは…？
片づけができない子を生み出す
負のループ
子どもが片づけない
見かねた母がしくみを考える
ついでに片づけ
母にまかせておけばOK！
こういうこと…？
ガーン
先回りタイプ

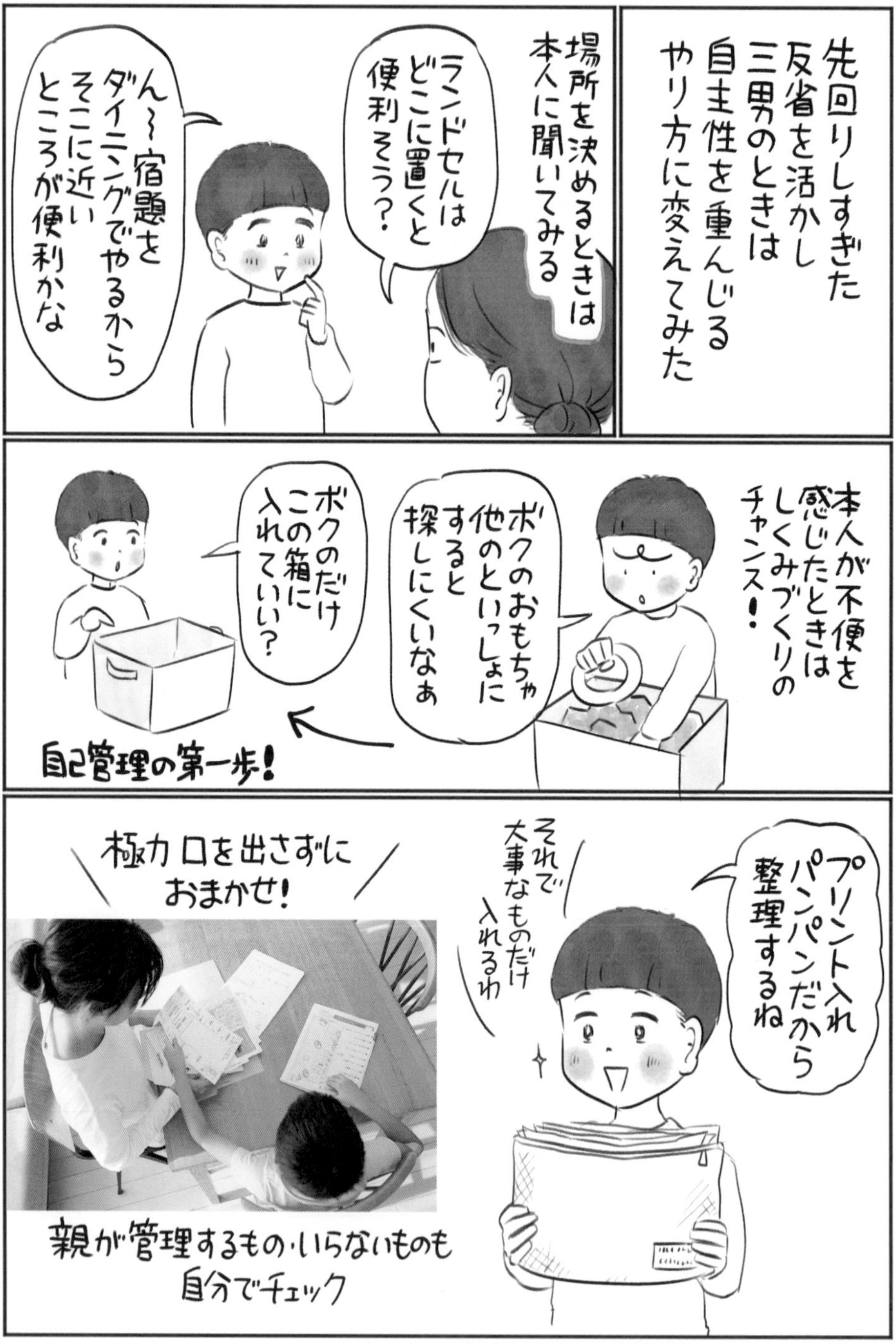
先回りしすぎた
反省を活かし
三男のときは
自主性を重んじる
やり方に変えてみた
場所を決めるときは
本人に聞いてみる
ランドセルは
どこに置くと
便利そう？
ん〜宿題を
ダイニングでやるから
そこに近い
ところが便利かな
本人が不便を
感じたときは
しくみづくりの
チャンス！
ボクのおもちゃ
他のといっしょに
すると
探しにくいなぁ
ボクのだけ
この箱に
入れていい？
自己管理の第一歩！
プリント入れ
パンパンだから
整理するね
それで
大事なものだけ
入れるわ
極力 口を出さずに
おまかせ！
親が管理するもの・いらないものも
自分でチェック

子どもが自分で気づいて「どうにかしたい」って思うことが大事なんだなあ…
これお母ちゃんも見ていらないなら捨ててネ
兄2人のときは先回りしてその機会を奪っていた、というわけだ
手を出してしまうのも「どうせできないだろう」っていう気持ちがある証拠よね…
反省…
この子は自分で考える力があるって信頼して見守る姿勢が足りなかったんだわ
もっと信じよう！
反省が活かされた三男は「片づけができる人」に無事成長中
ピカーッ
宿題後は教科書をまとめて場所をつくってからのおやつタイム
三男はリセット上手
（でももちろん片づけない日もある）
スッキリしている三男スペース

一方思春期を迎えた兄2人は
絶賛
放っておいて期
zzz
ギャハハハ
…なのである
休日は布団を畳まず いつまでもいつまでも ゴロゴロする兄たち
この部屋 なんかクサイ
カーテンと窓を開けなさいよ
んも～ お母ちゃん入ってこないで！
あとでやるから！
あと部屋片づけて掃除機かけてね
体育着洗濯出した!?
ハイハイハイハイ
言われなくてもわかってるから！

本当にあとでやるの〜？
不信…
ぐいぐい
ハイハイやるから！サヨナラ！
パタン…
追い出された
そして案の定掃除も片づけもしないのであった…
P87の3コマ目の誓いを撤回したい
ぐちゃ〜
もう母親が手出しする年齢でもないし本人たちがやると言っている以上うるさく言いたくないし…
お年頃めんどくせぇ〜
思春期男子と心地よく共存する術が思いつきません
大森先生！いったいどうすればいいですか!?
教えてください〜

知っておきたい
片づけのキホン

片づけのしくみは 大人も子どもも同じでOK

「思春期だからといって、特別なしくみを用意する必要はないですよ」と収納カウンセラーの大森めぐみさん。

　なんと！　片づけのしくみは大人も子どもも同じでいいそう。高さに差をつけたり、ラベルの表記を変えたりはしますが、基本の考え方はいっしょ。年齢は関係ないと言います。


「大事なのは、収納場所と入れ方をセットで考えること。どちらかひとつが欠けても片づきません。しくみが機能せず悩んでいる人のなかには、場所は近いのに出し入れの仕方が複雑など、惜しいケースがよく見られます。両方揃っていることで、ラクなしくみになり、長く続けられます」

　子どもに「触らないで！　放っ

年齢は関係ない!

先生に
教わりました!

収納カウンセラーの
大森です!

ておいて！」と言われたら、自分でやってもらえばいいそう。
「ただし、『だったら、やってよね！』と言うだけでは動きません。親がしくみづくりのサポートをしましょう」

近くても**動線上**でないと片づけにくい

「ものを使うとき、収納している場所まで歩いて行きますよね。その歩数が少なくなるよう、使う場所の近くに収納場所を設けます」

それは、私も心がけているつもり！　でもなぜかうまくいかないことも……。

「単純に距離の問題だけではないんです。イラストのように、近くても奥まった場所の収納は片づけにくく、遠くても動線上にあるほうが片づけやすいケースがあります」と大森さん。

椅子の真後ろの収納は部屋の奥。入り口に近い収納のほうが、出入りのついでに戻せて便利な場合も。だから、収納場所を決めるときに、動線を把握することが大事！　動線は、人の動きを観察すれば見えてくると言います。

「マルサイ家のリネン庫がいい例。下着を脱衣所に置けば、持ち運びの手間がいらず、その場で着替えが完了します」

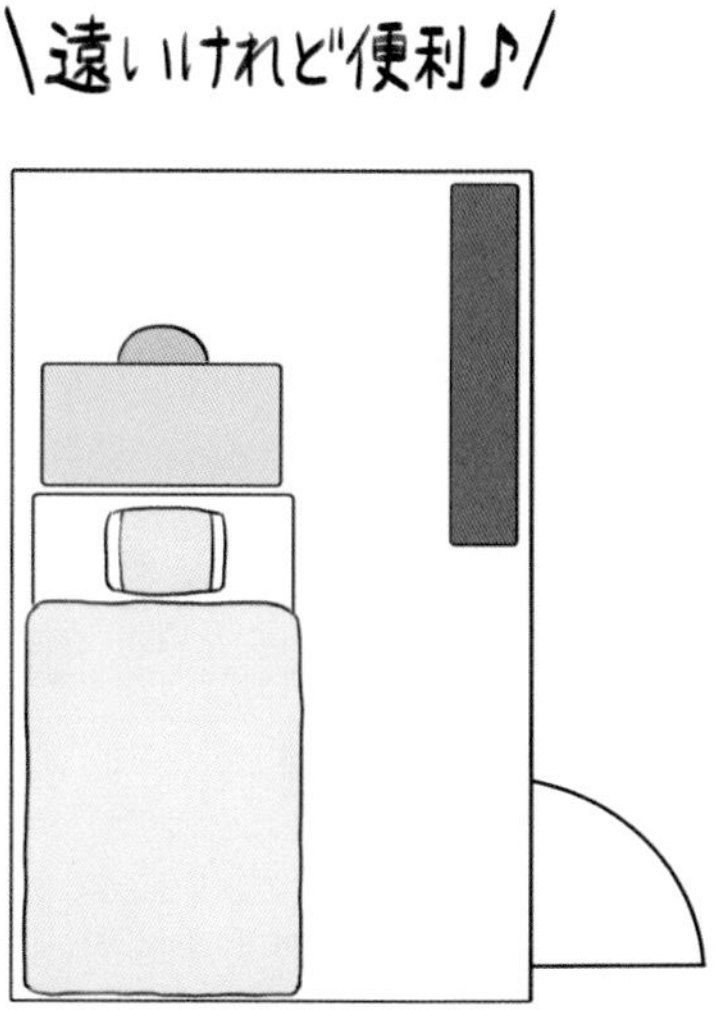

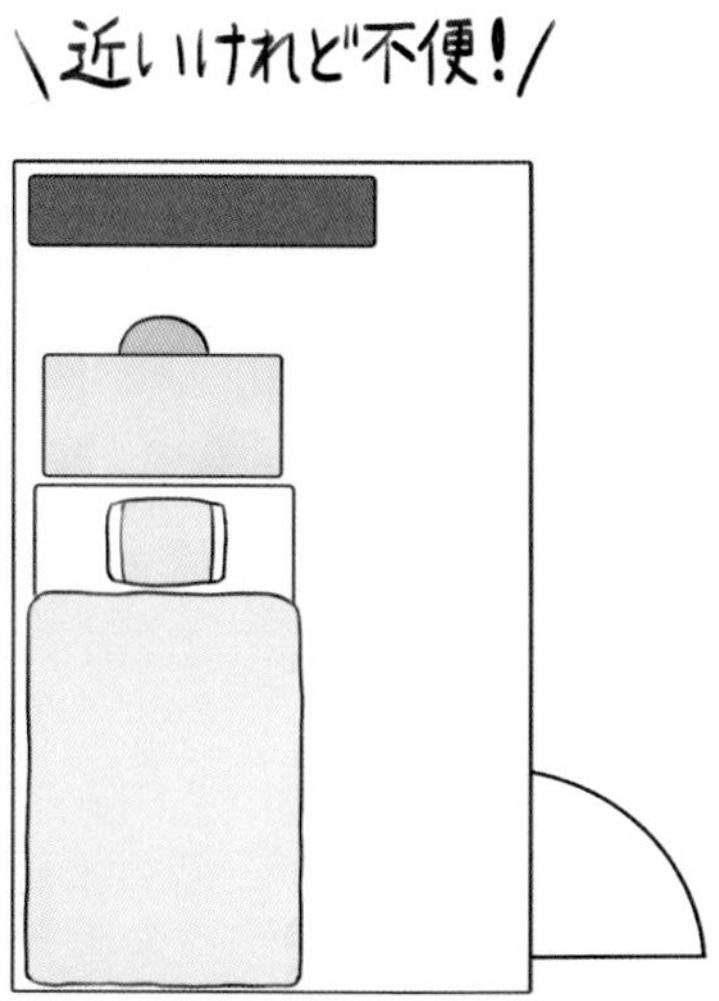

出し入れの**手数**をできるだけ減らす

収納場所が決まったら、次はものの入れ方です。どんな収納用品にどう入れるのか。

「入れ方は『アクション数』でカウントされます。オープン棚に置く場合を0とし、扉を開けると1、中にある箱のフタを開けると2になります。数字が増えるほど手数がかかり、出し入れが面倒に」

わが家は、アクション数0を目指し、なるべくフタなしのボックスを使用。フタを外すのが面倒だからですが、棚のすき間からねじ込めて便利なんです！

入れ方には、ものの状態も関係するそう。たとえば、服を立てるか寝かせるか。立てると片手で取り出せますが、寝かせると両手が必要に。手間を考えれば立てるほうがいいのですが、きちんと畳むのは面倒！　でも服を選ぶには立てたほうがいいので、子どもがオシャレに興味を持ち始めたら、〝立てる〟を提案しようと思います。

しくみをつくったら、片づく理由を**説明**する

「しくみをつくったら、それで終わりではありません」と大森さん。「つくった人でないと、なぜここに置いたのか、なぜこういう入れ方をしたのかが分かりません。だから、声に出して伝えてください。うまくいかなかったときに修正できますし、将来自分でしくみをつくるときの拠り所になります」

そういえば、三男が片づけられるのは、私が説明をしてきたからかも。兄2人で経験を積んで、片づけの理屈を言語化できるようになっていたのです。でも彼らのときは、「片づけが苦手だし」「幼いから説明しても分からない」と、伝えてこなかった気が……。

「片づけが苦手な方は、自分ができていないことを子どもに強く言えないという傾向があるようです。でも親だからといって100％できる人はいません。これからでも遅くないので、言葉にして伝えましょう！」

○○だから片づくのよ
○○だから散らかるの
なるほど

いざとなったら戻せる60点の片づけを目指す

片づけにはキリがなく、どこまでやればいいのか、悩みます。机の上にものが散らばっていると「できていない！」と思うし、いつも片づいた状態でないと自分を許せません……。

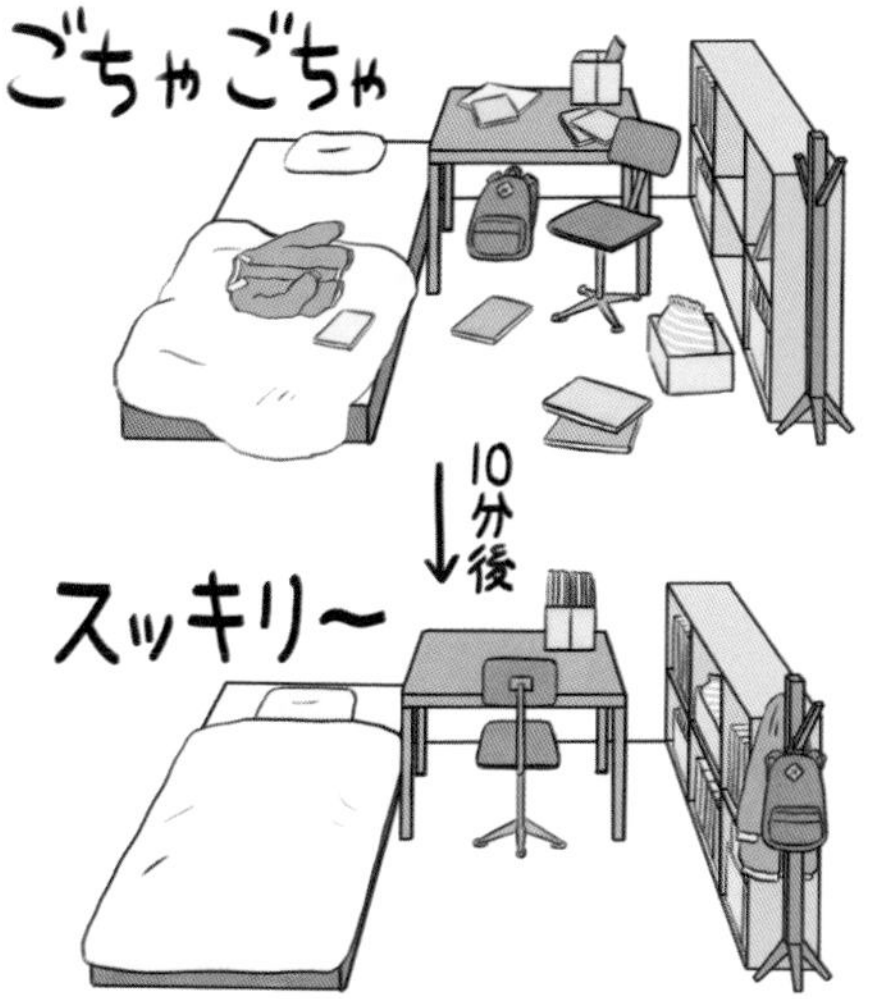
ごちゃごちゃ
10分後
スッキリ〜

「100点を目指していると、ストレスがたまりますよ。いざというときに戻す場所があれば、それでOK。60点を目指しませんか？」

戻す場所がなくて、ものを移動するだけなら、しくみの見直しが必要だそう。その点私は小1時間あれば、部屋が元通りになります。

大森さんによると、いつもキレイでないから「できない」「苦手だ」と思うのは危険だそう。もしかしたら、子どもに「できない」と思い込ませてしまったのかもと気になります……。

子どもには「いざというときにものを戻せる場所があればいい」と伝えよう。そしてうまくできたら、ほめてあげたいと思います！

子ども用品の

整理と収納

学用品

学期末の持ち帰りに備えて場所取り

絵の具、習字道具、リコーダーetc.学校から持ち帰った学用品は、専用スペースに収納し、家のものと区別。休み明けに慌てないようにしています。

最初はカラボひとつでしたが、だんだん量が増えてぎゅうぎゅうに。誰のものがどこにあるのか分からないので、3人それぞれのスペースに収納を確保。混在がなくなり、持ち出しやすくなりました。

AFTER

みんないっしょから

それぞれの場所へ

上／二男は棚の最上部を学用品置き場に。空いていると別のものを置きがちなので、ラベルを貼る予定。下／三男は折り畳める布製ボックスをスタンバイ。

学用品棚をプチ改造！

BEFORE

教科書

残すのは1学期分。受験生は1年分

過去の教科書は捨てどきがわからず、数年分を取っておいた時期があります。子どもに「あれどこ?」と言われたり、復習したりするときに、ないとマズいと思ったから。でも実際は見返すことがなく、収納スペースを圧迫するばかり……。

わが家は中学受験をしないので、小学生のうちは前学期分だけ保管。高校受験を控えた中2の長男は、1年分取りおきます。

小3

小6

中2

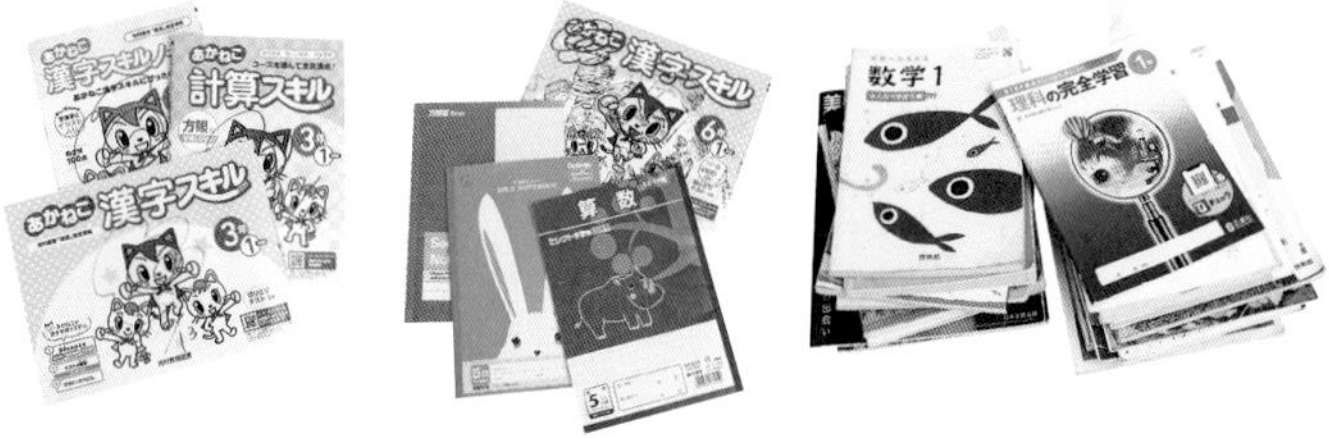

二男、三男は前学期分、長男は前年分を取りおきます。中学生になると科目が増え、量も一気に増加。ノートやドリルも保管。

文房具

消耗スピードに応じて持ち分ける

鉛筆と消しゴムはストック

家族共用の文房具コーナー。鉛筆のストックのほか、いっしょに使う消しゴムも引き出しに準備しています。

子どもが鉛筆を消耗するスピードは早く、あっという間。代替手段がないので、「宿題どうするよ!」と焦ります。好みの硬さが手に入らない場合に備えて、鉛筆立てに入るぶんだけストックしています。

一方、ノートは買い替えのスパンが長く、準備に余裕があるので、ストックはなし。文房具は消耗スピードで持つ量を変えています。

ノートはそのつど買い

ノートは近所のコンビニでも売っているので、なくなりそうになったら買いに行きます。束買いは収納場所を取るのでしません。

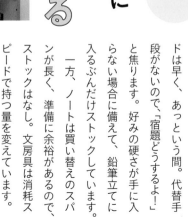

プリント

収納用品を工夫し、管理しやすく

子どもが3人いると、学校から届くプリントに目を通すだけで大変！ 覚えていられないので、予定をカレンダーに書き込み、家族で把握するようにしていました。

子どもの予定が増え、カレンダーに書ききれなくなった今は、黒板シートにプリントを掲示。兄2人は自分で管理しています。

小3の三男のプリントは私が管理。バインダーと個別フォルダーを使い分け、見落としを防ぎます。

長男、二男は黒板シートで自己管理

カレンダー1冊に全員分

カレンダーに家族の欄をつくり、それぞれの予定を記入。トイレに貼り、家族で情報を共有。私が忘れていても誰かが気づきます。

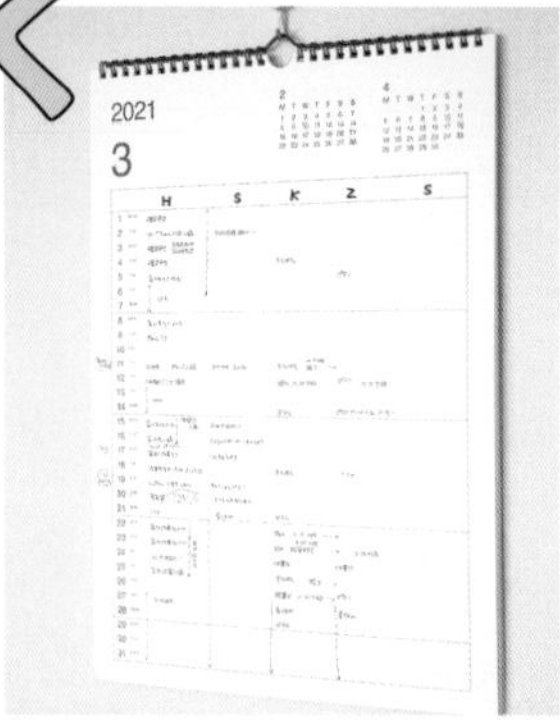

予定がいっぱいで書ききれない！

三男が小学校に上がり、長男、二男が習い事に通い出した頃から、予定が増加。カレンダーに収まりきらず、書くのも大変に……。

黒板シートにプリントを掲示

子どもに管理を任せつつ、親にも分かるよう、黒板シートを使用。マグネットがつくので、プリントの貼り替えがラク（P44で紹介）。

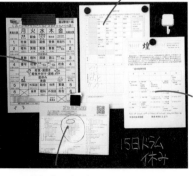

三男はバインダー＋個別フォルダーで母管理

仕分け

三男からプリントが届いたら、なるべくその場で〝いる・いらない〟に仕分け。〝いる〟ものはさらに2つに分けます。

いるもの

期日や準備のないものは個別フォルダーへ

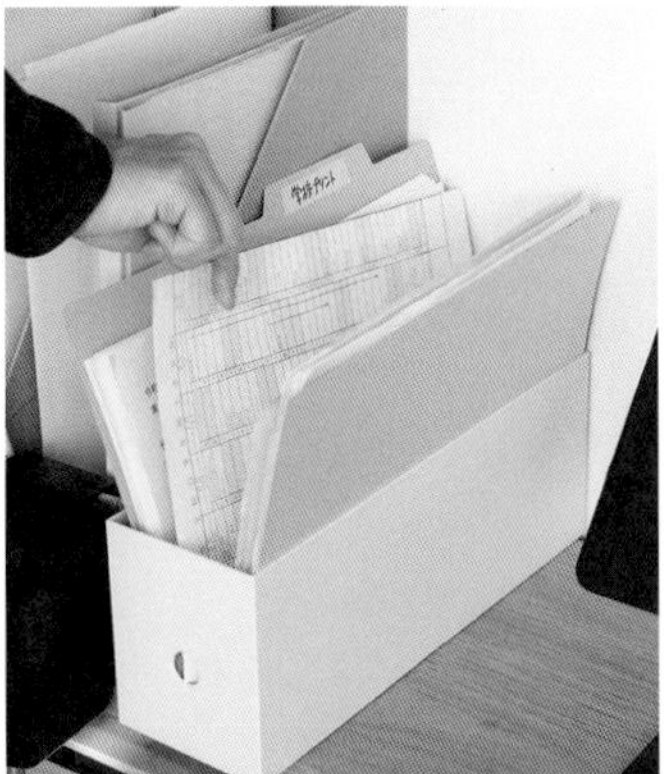

連絡簿や学校便りなど、保管したり見返したりするものを。個別フォルダーはガバッと広げて探しやすいうえ、投げ込み式で出し入れがラク。

使ったのはコレ!

事務用品の通販サイトで見つけたA4個別フォルダー。まとめ買いで1枚約22円。

期日や準備のあるものはバインダーへ

懇親会の案内など日程が決まっているものや、提出物の締め切りなど準備が必要なものなど。終了後に処分しやすいバインダーを使用。

本

ファミリーライブラリーに収まるだけ持つ

本はいつの間にか増え、長男、二男の部屋を埋め尽くすまでに。なかには三男や大人が読む本もあるので、今回の改造でリビングに移動し、ファミリーライブラリーを新設しました。

リビングには三男スペースも設けたので、これ以上のライブラリー拡張は無理！　入れ替え制にし、収まるだけ持つルールに。自然と〝いる・いらない〟が繰り返され、いる本だけが残ります。

もともと学用品を収納していた棚を利用。小学生新聞や貸し出しカゴなど頻繁に動くものを入り口付近に。

家じゅうで使っていたカラボを移動し連結。収納量を確保しました。手前には子どもたちの関心が高いジャンル、奥には大人が読む本を。みんなで使うおもちゃなどもここ。

整理収納の手順

ハ〜イ
収納は増やさない！
本棚に収まるだけね！

STEP 1 目標を決める

旅行と同じで行き先を決めないと、子どもたちが迷います。わが家はファミリーライブラリーのスペースを拡張しないのが前提。ここに収まるだけ持つことを伝えます。

STEP 2 私物を自室へ移動する

ファミリーライブラリーは家族共用の書庫。自分の本は抜き出し、それぞれのスペースで自己管理します。左から、二男、長男、三男、私の本。

STEP 3 いらない本を抜き出す

残った本から〝いらない〟本を間引きます。〝まだ読んでいない〟より〝もう読まない〟かどうかでジャッジ。親が子どものために取っている本も、聞いてみると〝いらない〟という場合も。

STEP 4 分類し、収める

いきもの・かがく
教養
孫子の兵法
デザイン

〝いきもの・かがく〟〝教養〟などカテゴリー分けし、棚にラベルを貼ります。カテゴリーは家族が分かりやすいものでOK。見つけやすく、元に戻りやすくなります。

全152冊！
友人に譲る
サヨウナラ〜
古本屋行き

苦手な写真整理、やってみた！

バラバラだった写真やDVDがすべて収まった！
この3サイズがあればOK！
L判
A4ファイル
2L判
写真は寝かせると最後放置してしまいます
アルバムをストックしておいて、届いたら入れて立てる習慣を！
NEW
第2ライブラリーの思い出コーナーに収納
いつでも見返せる～
ちなみにスマホには3万枚くらい写真が入っていて…
見たい写真があっても探すのにひと苦労です
日付順に並んだデータは見つけにくい
カテゴリー分けをしましょう！
よく見るものをカテゴリーに分けてみました
マルサイの場合
◦メシ ◦ネコ ◦実家
◦部屋 ◦ランニング
などなど
手元で管理しやすいスマホのアルバム機能を活用
今晩のおかずを決めるとき「メシ」カテゴリーから探せて便利だわ～
どんどんたまっていくので容量が気になります…
一日でスマホをいじる時間に紐づけてチビチビ消すといいですよ！
寝る前とか…
新しいものから消していくのがオススメです
さかのぼって消そうとすると大変だけど最近のものからなら気軽にできるね！
トイレタイムに消去作業

手づくり作品

絵はファイル1人1冊、立体作品は写真で保存

子どもの絵がなかなか捨てられず、クロゼットのすき間に突っ込んでいました。保存袋をうまく使いこなせなかったのです……。

収納カウンセラーの大森さんに相談したところ、図面ファイルを紹介され、一気に解決！　立てて収納できるので、スッキリと収まり、場所も取りません。1人1冊と決め、位置も固定しました。

立体作品は、写真に撮ったあと、現物は処分しています。

絵は図面ファイルでキレイ＆収納しやすく

BEFORE

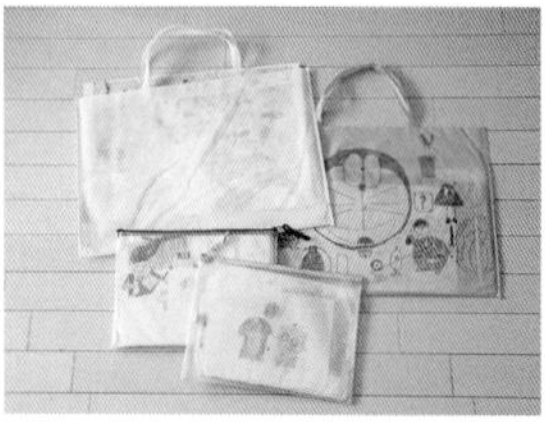

袋物は自立しにくい……

キレイな状態で保存したかったので、折らずに入る大きな袋を使用。不織布やビニール製は軟らかく、倒れてしまう……。

すき間に突っ込んでぐっちゃり……

保存袋を立てるため、すき間を見つけて収納。あちこちに分散し、どこに何があるのかが不明に……。無理やり突っ込んでいるため、保存状態も心配です。

立体作品は写真に撮って処分

小学校時代の長男は工作が大好きで、次から次へと作品を生み出していました。完成後しばらくは目立つ場所に飾り、徐々に遠い場所に移動。「あれどこ？」と聞かれなくなったら、写真に写して処分。

捨てる

写す

飾る

図面ファイルは立てて収納できてスッキリ！

AFTER

使ったのはコレ！

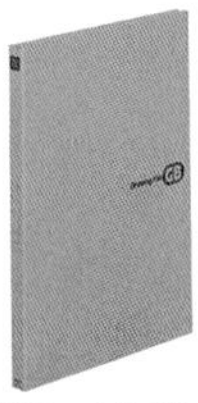

図面ファイルGB　A2 2つ折　幅31.5×高さ43.8×奥行2.7cm　￥1,210／キングジム

これだけ入る！

四つ切りの画用紙が入るA2の図面ファイルに変更。2つ折りですが、マチがあるので折れ線がつきません。3人分を1カ所に収納できて、探す手間がなくなりました。

衣類・靴

消耗品と割りきり、数と管理を最小限に

子どもの服や下着、靴は消耗品と捉えています。

少ない枚数をガンガン着倒し、ダメになったら交換。状態が分かりやすいうえ、消耗度に差がないので買い替えのタイミングが同じ。管理がラクです。

数は、洗濯できない日が続いても困らない枚数。多くても4枚あれば1週間回せます。

子どもが服を選ぶようになったら、管理を任せる予定。

服は1人上下4セットずつ

お下がりは探しやすい下段に

着られなくなったものは処分し、状態のいいものだけを保管。サイズ別に引き出しに入れ分けています。低い位置の引き出しは探しやすく、しっかり活用できます。

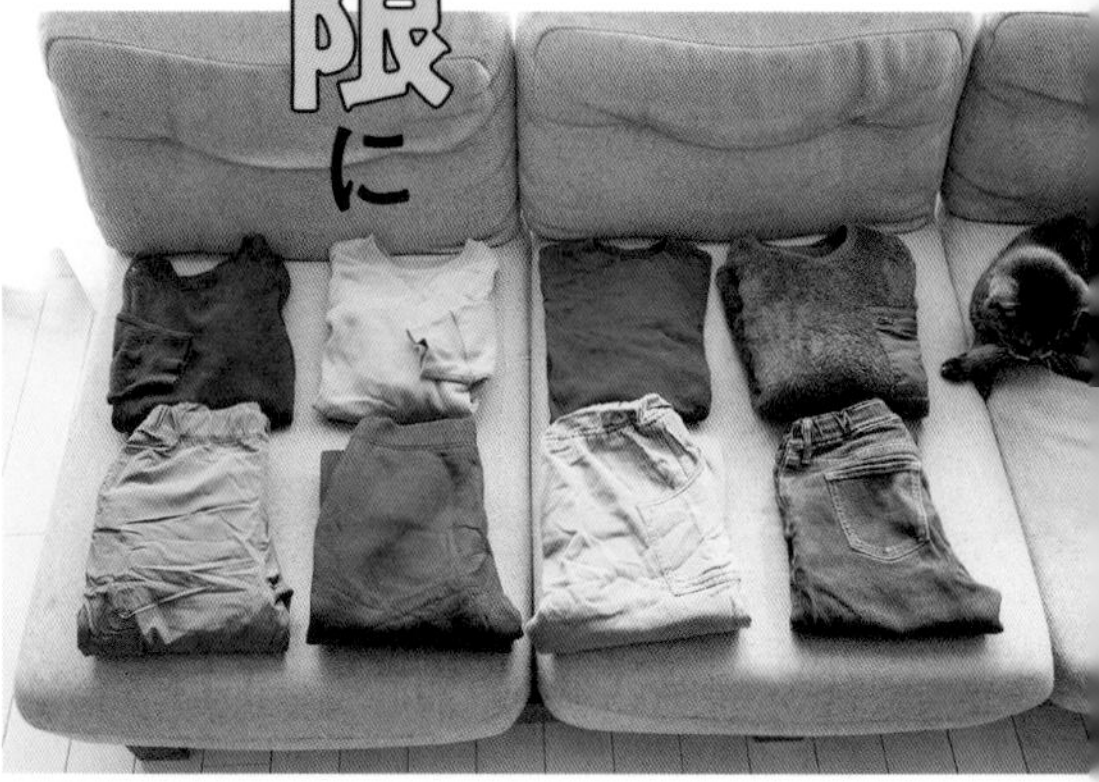

写真は秋冬用のトップスとボトムスで、上下4着ずつ。どう組み合わせてもOKな色合いにしています。夏は着替えの頻度が高いので、4〜6セット持つように。

靴は1人1足ずつ

サイズアウト専用カゴを用意

長靴やサンダルなど使用頻度が低いものは、お下がりに回ることも。他の靴と交ざらないよう、カゴにまとめています。写真は二男の靴。

靴は1足を履きつぶしたら新調。スリッポンタイプならかかとをつぶさず履けて長持ちです。雨で濡れたときはインソールを外して干し、中に新聞紙を詰めれば、翌朝には乾燥。

下着は1人 上下4セットずつ

シャツは長袖、半袖を2枚ずつ。パンツはオールシーズン4枚。長男はモノトーン、二男は色物・ボーダー、三男は柄物と区別し、仕分けしやすくしています。

パジャマは1人 夏冬2組ずつ

洗い替えが必要なので、基本は2組。夏用の薄手と冬用の厚手を用意し、季節で入れ替えます。着脱や洗濯が面倒なボタン付きは避け、すぽっとかぶれるタイプを。

リネン庫をプチ改造!

大きなカゴにすっぽり。取り間違えなし!

下着やパジャマは脱衣所のリネン庫に収納。1人ひとカゴ制ですが、隣のカゴにパジャマが溢れて出し入れのじゃまに……。吊り下げバスケットでスペースを広げ、カゴをサイズアップ。

子どもとおもちゃ整理、やってみた！

長男の趣味はプラモデルづくり
コレクションは日に日に増え
家のいたるところに点在している
どこかの棚の下
本棚の上
カラボの上
プラモデル
プラモデルが収納を圧迫して正直、迷惑！
ちょっとアンタ！
いいかげんプラモデル整理するわよ！
バンッ
家じゅうのプラモデル全部持ってきて！
え～いいよ整理しなくて
こんなにたくさん！
すごい量だね…
こんなにあったっけ…？
壊れているものやいらないものはさすがに捨てようよ
最後に写真撮ってさ～
これとかボロボロだしホコリまみれよ
バッチィね～
全部いる
え…全部…？いるの？1個も捨てないの…？
うん全部戻す
プラモデル
過去にも全出しして全部戻すという不毛な経験をした親子
子どもに聞くと大抵全部いると言って親は困ると思いますが
本人がそう言うのであれば意思を尊重しましょう
大森先生登場！

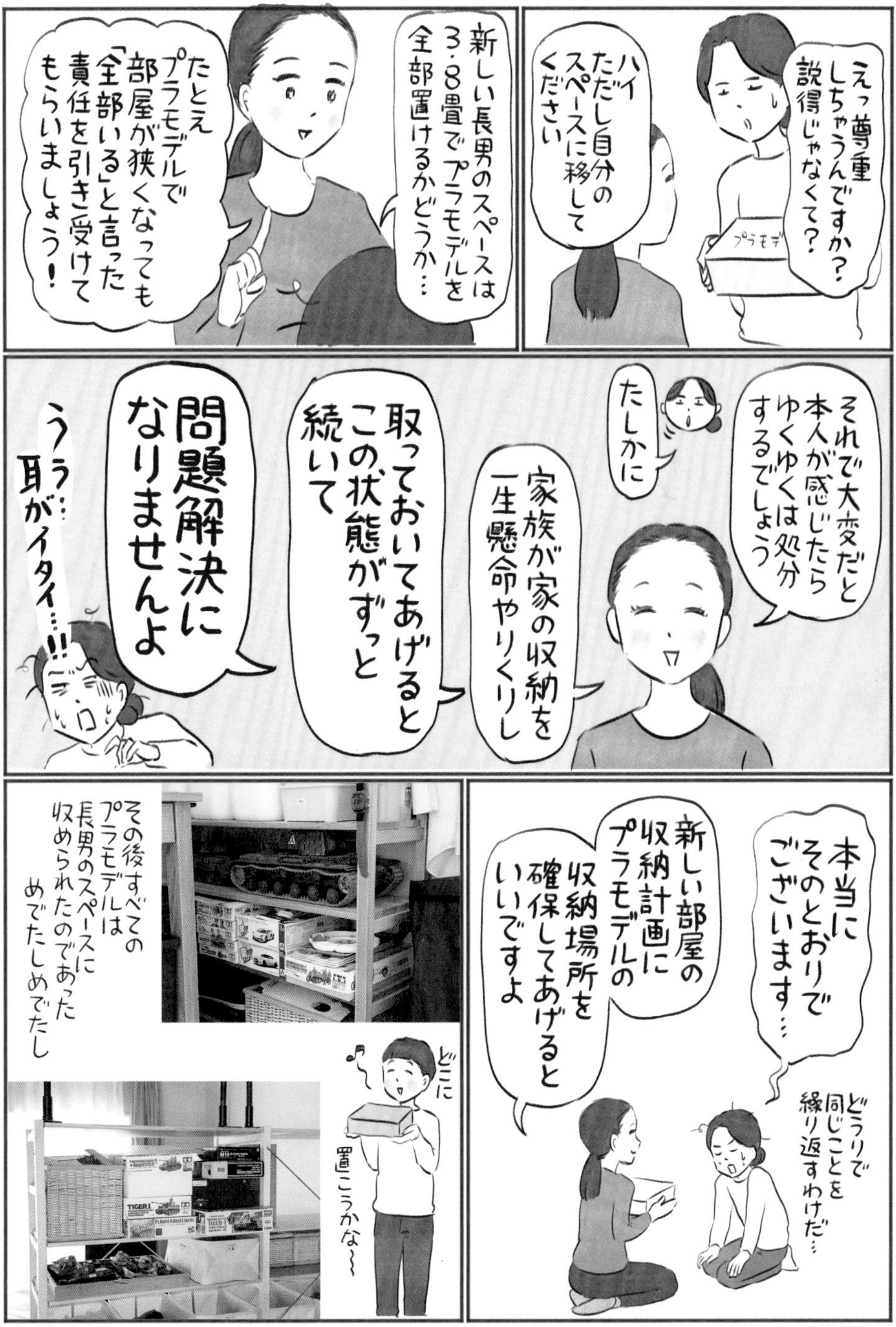
えっ尊重しちゃうんですか？説得じゃなくて？
プラモデ
ハイ ただし自分のスペースに移してください
新しい長男のスペースは3・8畳でプラモデルを全部置けるかどうか…
たとえプラモデルで部屋が狭くなっても「全部いる」と言った責任を引き受けてもらいましょう！
それで大変だと本人が感じたらゆくゆくは処分するでしょう
たしかに
家族が家の収納を一生懸命やりくりし
取っておいてあげるとこの状態がずっと続いて
問題解決になりませんよ
うう…耳がイタイ…!!
本当にそのとおりでございます…
新しい部屋の収納計画にプラモデルの収納場所を確保してあげるといいですよ
どうりで同じことを繰り返すわけだ…
その後すべてのプラモデルは長男のスペースに収められたのであっためでたしめでたし
どこに置こうかな〜

おもちゃ

アイテム別にルールを決めて共有

三男が大事にしているぬいぐるみ、お小遣いで買ったミニカー、夫婦が昔遊んだゲーム機……。おもちゃも様々なので、それぞれに合った持ち方をしています。

ミニカーなど私物は基本的に自己管理ですが、収納用品をさりげなく提案することも。

また、共用品はファミリーライブラリー、使用頻度の低いものは納戸と置き分けて、家族に告知するように。

ぬいぐるみはバケツ1杯に収まるだけ

バケツから溢れると……

かさばるぬいぐるみは、収納が追いつかず、すぐパンパンに。バケツのまわりに散らばり始めたら見直しのサイン。

人気投票をして……

家じゅうのぬいぐるみを集め、好きなものから順に選びます。バケツに入らないぶんはサヨウナラ。

入るだけ!

バケツ1杯だけ持ち、2軍はつくりません。長男、二男の部屋から、家族共用のファミリーライブラリーに移動。

ミニカーはキレイに整頓できるぶんだけ

二男

長男

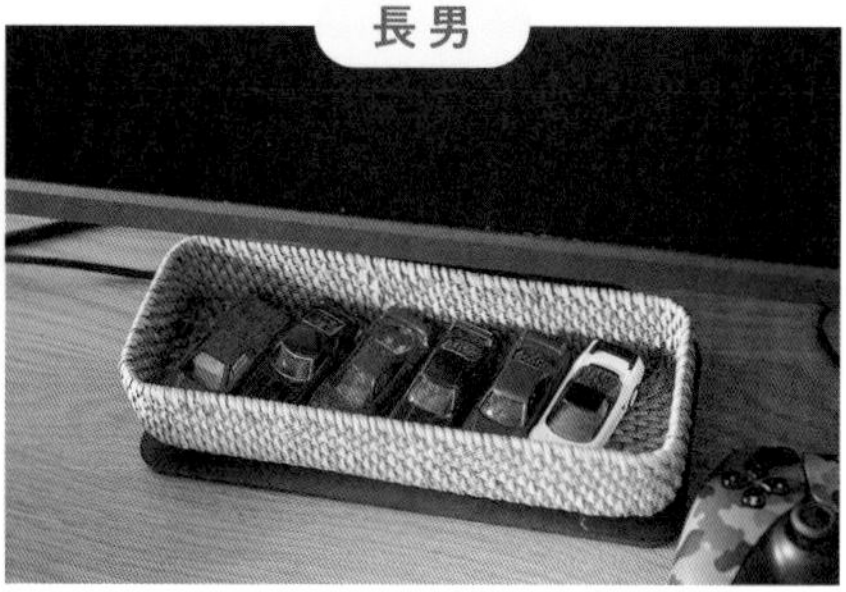

コレクションケースやカトラリーケースを使って、ミニカーをディスプレイ。キレイに整頓しなくなったら、大事にしていない証拠。処分を検討します。

2軍はライブラリーのカゴにまとめて

幼い頃に遊んでいたミニカーは分け、リビングのファミリーライブラリーへ。三兄弟分をまとめてカゴに入れています。

昔のゲーム機は使えるものだけ

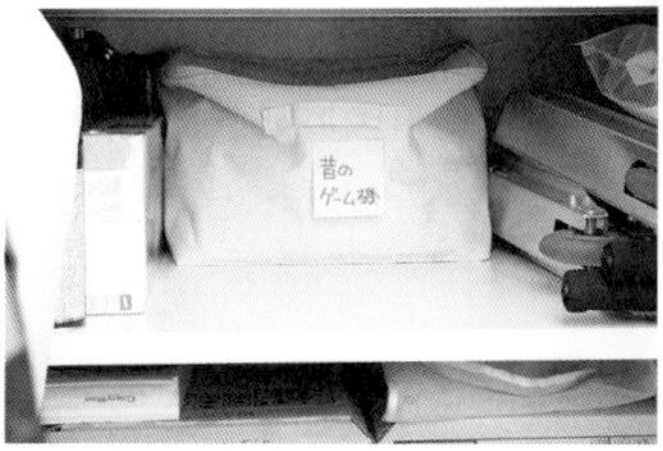

デッドスペースで保管

使用頻度が低いので、リビングから玄関に移動。シューズクロゼットのデッドスペースを活用しました。中身が分かるようラベリングも。

メモリーカードのないものは処分

なんとなく取っていたゲーム機やソフトの中身を総点検。メモリーカードのないものは手放し、すぐ遊べるものだけを残すことに。

番外編

もの持ち夫と**服整理**、やってみた！

今まで家族全員の服を収納していたクローゼット
子どもは自分のスペースで管理するようになったのでオンシーズンの服はそれぞれの棚へお引っ越し
布製BOX
スペースに余裕はできたけどこの先子どもたちの服のサイズがでっかくなったりハンガーにかける系が↑（ジャケットとか）増えると思うと
Lサイズ
心配…
それにクローゼットはわが家では貴重な個室！
おこもり部屋として活用
必要なときに人がこもれるよう空けておきたいところではある
夫の
夫の
夫の
夫の
スーさんの服もう少し減らないかな〜
夫は衣装持ちである
ということで夫の服を大整理！
ちょいちょい整理してるんだけどね〜〜
ヨイショッ
衣装ケースをリビングに運び出す2人
想像以上にたくさんあるな
ね〜
衣装ケース6つほど

見て～これステキでしょう
フィッシャーマンズニットはヨーロッパのウンチャラでカンチャラで
それもう3年以上着たのを見てないけど今年は着るの？
着たいのはやまやまだけど体が大きくなっちゃって…
着れないです…
じゃあ手放そう
待って!! 地蔵が…地蔵が着られるから!!
まだサヨナラしたくないッ
それじゃあ息子のお下がり用にスーさんの衣装ケースをひとつ空けよう
衣装ケースひとつかぁ～～
厳しい戦いになりそうだ…
ジャッジタイム
着心地がイマイチで数回しか着てない
なんかトキメかない
着たいけどサイズアウト
着ないけど捨てる理由が見つからない
判定は～
手放す
サッ
約30着の服を
手放しました～！
衣装ケースがいくつか空いた

クロゼットに余裕が生まれた！
超スッキリ!!
こうなってくるとシューズクロゼットも整理したくなるね…
夫の靴がみっちり！
えっ…
そのうち子どもたちの靴も26cmとか27cmの大きさになっていくし
オシャレに目覚めた日には1人分が4足5足なんて当たり前になるよ
今のままだとじきに靴があふれることになるから…
オッケーそのうちここも整理するわ
そのうちじゃ困るんですよ！
子どもたちどんどんでっかくなっちゃうんで！
いつ？いつやるの？
わかった次の連休にやるから！それまでは現状維持でお願いします
見通しが立ってひと安心だわ～これでむやみに収納を増やさずに済むね
約束取り付け大事！
あとは子がオレみたいに靴好きにならないことを祈るよ…

PART

4

タイプいろいろ きょうだい部屋実例

男女分けや目的分けなど、タイプの異なる3軒を取材。うち2軒はお子さんが大学生や社会人に成長。部屋が子どもに与える影響についても伺いました。

性別で分ける家

長男 15歳　長女 12歳

7畳を2段ベッドで2つに分けて、男女別の部屋に

宇高有香さん（神奈川県・43歳）

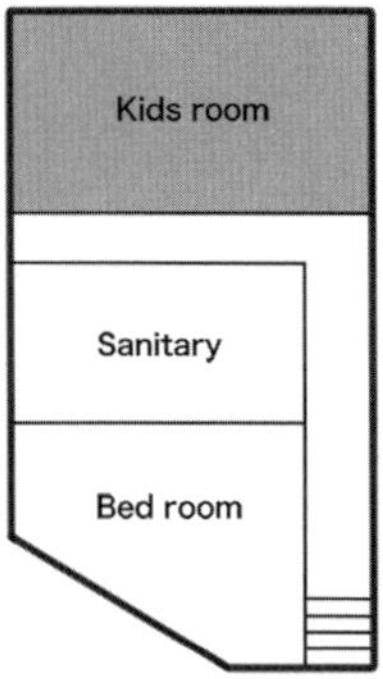
Kids room
Sanitary
Bed room

一戸建て／3LDK（94㎡）／4人暮らし
（間取り図は2階部分）

宇高有香さん
収納暮らしコンサルタント。ライフオーガナイザー®として600軒を超える個人宅の片づけ実績を持つ。

宇高さん宅の子ども部屋は7畳。幼い頃から長男と長女でシェアしてきましたが、長男が小6のときに部屋を2つに分けたそうです。
「コロナ禍でオンライン授業などが増え、話し声が気になり始めたんです。もともと長男が中学生になったら分けようと考えていましたが、今思えば小学生のうちにやっておいてよかった！　中学入学の前後は、準備でそれどころじゃなかったので」

3・5畳に机、収納、ベッドを置くには工夫が必要。そこで、もともと使っていた2段ベッドを利用して部屋を仕切ることに。空間を縦に分ければ、ベッドひとつ分の床面積ですみます。
上段を長男、下段を長女にし、側面に板を張って壁に。工事は家を建てた工務店に依頼し、費用は20万円ほどだったと言います。手すりやタラップは宇高さんが自分で調達した施主支給。ベッドの側面にはマグネットボードを取り付け、プリントの掲示板にしています。

「中学生になると、教科書やタブレットを置く広いスペースが必要です。わが家は幅90㎝の机しか置けなかったので、机と収納棚をL字に組み、ものを置けるようにしました。机と収納棚の高さを揃えるのがポイントです」

収納棚は無印良品のスチールユニットシェルフを選び、オプションを利用。専用のハンガーバーを取り付け、服を吊るす収納にしています。洗濯から取り込んだら引っかけるだけなので、子どもが自分で収納できるのがメリット。また、棚にはフタなしのボックスを置いて、ポイッと放り込めば片づくしくみに。

小さな部屋はまるで学生寮のようで、長女のAちゃんは「秘密基地みたいで楽しい!」と笑顔を見せます。「親が思うほど、子どもは狭さを気にしていません。生活に必要な機能が揃っていて、自分の好きにできるスペースがある。そのことが大事だと思うんです」

宇高さんに

Q 子ども部屋は何歳から必要?

10歳くらい。思春期に入り、親の目を嫌がったり、異性の目を意識するようになったりしたら。自分のスペースやこもれる場所がひとりひとりにあればいいと思います。

宇高さんに

Q ものが増えたときの対処法は?

長女は服が増えると予想し、ベッドの下段を選択。脚付きなので、下のすき間に衣装ケースなどを置けます。また、夏休みと年度末の年2回ものの整理をし、なるべく増やさない工夫も。

ベッドに板を張って壁にし個室化を実現！

右／7畳の真ん中に2段ベッドを置き、手前を長男、奥を長女の部屋に。引き戸にしたことでスペースに余裕が生まれ、ロッカーを置けたそう。左／長女のベッド。長男が使う上段の側面を板で目隠し。板はランバーコア材。

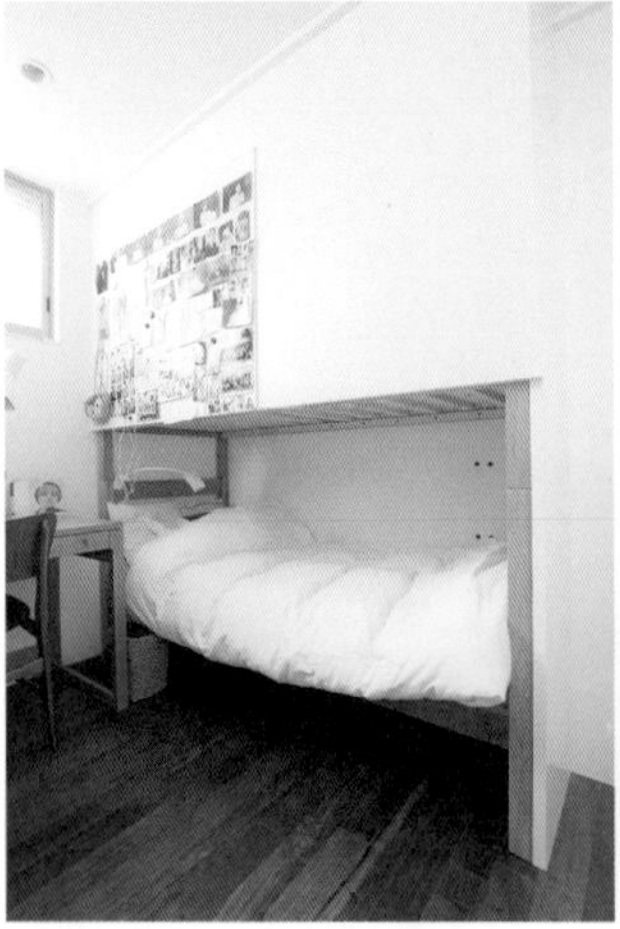

取材を終えて

服のハンガー収納や学校のロッカー収納など、子どもが管理できるしくみが参考になりました。お子さんが部屋で楽しそうに過ごしているのを見て、環境の大切さを実感！　重要なのは広さじゃないという言葉に救われました。

電源問題は コンセントつきの机で解決！

部屋を分けたときに困るのがコンセントの位置。机にコンセントがついていれば、たくさんの電子機器を一斉に充電できて便利です。机はコイズミファニテックのビーノ。

長男

机と棚をL字に組み勉強スペースを拡張

机と同じ高さに収納棚の棚板を取り付け、スペースを拡張。教科書置き場をつくりました。収納棚の支柱はダークグレーを選び（オーダー）、男子っぽい雰囲気に。

学校で使い慣れているロッカーが便利

教科書が床に散らかり始めたのを機に、学校で使っているロッカーを買い足し、収納量をアップ。ほかに、フィギュア、学用品、防災リュックを収納。ロッカーはアスクル。

長女

棚の支柱を明るい色にしやさしい雰囲気に

収納棚は長男と同じ、無印良品のスチールユニットシェルフ。支柱はライトグレーにし、女の子らしい空間に。今着ている服だけ吊るし、季節外の服は上のボックスに入れています。

棚は手前と奥で使用頻度を変えて

机の脇に棚がL字になるよう配置し、手が届く便利な収納に。ヘアケア用品や化粧ポーチなどをボックスに入れ、使用頻度で置き分けています。

目的重視の家

長男 23歳　二男 18歳　三男 16歳

“勉強する人”が個室を使用。狭くても、パーソナルな空間を

Mさん（東京都・53歳）

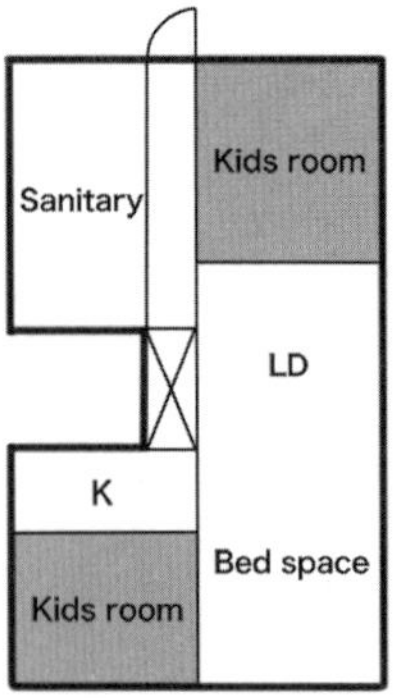
Sanitary
Kids room
LD
K
Bed space
Kids room

賃貸マンション／2LDK66㎡／5人暮らし

Mさん

派遣社員。マーチャンダイザーの経験があり、限られたスペースに効率よくものを収納するのが得意。

Mさんは都心の2LDKマンションに5人暮らし。結婚後、新築で入居して以来、ずっと住み続けています。三男が赤ちゃんの頃、郊外に広い家を求めたことがあるそうですが、前向きな選択をして断念。

「どこへ行くにも車移動で維持費がかかるので、そのぶんを子どもの教育費に回そうと考えました。都心なら電車が使えるし、周囲の目もあって、子どもどうしで行動しやすい。親がずっとついている必要がないですから」

夫婦の寝室はリビングの一角に設け、2つの個室は子どもの部屋に。三男がひと部屋、長男と二男がひと部屋をシェアしていますが、そこにはM家のユニークなルールがあります。

「年功序列にとらわれず、いちばん勉強する人が個室を使うようにしました。『自分の部屋が欲しいから』ではなく『勉強に集中したいから』と言うと、家族の理解を得やすいんです。子どもたちから文句が出ることはなかったですよ」

長男と二男のシェアルームは7畳ですが、パーソナルな空間が持てるよう工夫しています。背の高い本棚を置いて間仕切りにしたり、机と机の間についたてを立てたり。家具や有孔ボードで壁をつくり、視線や気配をシャットアウト。適度なこもり感が居心地のよさを生んでいます。

また、ベッドのまわりはカーテンやプラダンで囲って、プライバシーを確保。推しのグッズを飾るなど、子どもの〝好き〟が詰まっていました。

「子どもはあっという間に成長し、生活時間帯もバラバラになってきます。ふだんはパーソナルな空間でマイペースに暮らし、食事や会話を楽しみたいときは、共用スペースに家族が集う。そんなシェアハウスのような距離感が心地いいと感じています」

Mさんに

Q 子ども部屋は何歳から必要？

部屋でなくても、パーソナルな空間があればいいと思います。わが家は、子どもが保育園の頃から、遊ぶ場所や寝る場所、ものを収納する場所などを個別に用意していました。

Mさんに

Q 写真や作品はどうしてる？

写真は気に入ったものを額装し、リビングの一角に設けたギャラリーにディスプレイ。テレビの上なので、自然と目に入ります。アルバムや作品などは、収納棚に収まるだけ持つように。

19歳、14歳、12歳の頃

長男、二男の2人部屋。机と机の間に本棚を立て、間仕切りにしていました。本棚は2台を背中合わせに置き、2方向からアクセス。背面には今も使っているベッドを。

画像提供：r209 Room No. 1116298

L字に仕切られた空間はこもり感が◎

上／長男スペースからリビングを見たところ。机に立てた有孔ボードは、穴をズラして目が合わないようにしています。壁の棚板は同じ高さにし、視線が抜けない工夫も。「自分の世界に浸れる」と好評。下／二男のスペース。

収納をカスタマイズ。サイズぴったりに

床と天井につっぱり柱を固定し、有孔ボードと棚を取り付けました。ものを置いたり吊るしたりできて便利です。下段にカラボを置くため、棚の奥行を40cmに。

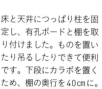

カーテンやプラダンでプライバシーを確保

DIYやスリム家具ですき間を活用

ベッドの左側に長男、右側に二男のクロゼットを。左／本棚2台の背板を抜いて前後に重ね、タオルバーと扉を設置。右／ランドセル収納に使っていたラダーラックにバッグを。

ロフトベッドの下にスモールベッド（シングルベッドより幅が約30cm狭い）を。つっぱり棒やカーテンポールを使って、カーテンを吊るしています。ロフトベッドの柵にはプラダンを結束バンドで固定。

取材を終えて

子どもの自立を促すために、あえて快適すぎないようにするなど、将来設計に基づいた部屋づくりが勉強になりました。また、白家具の多用、すき間の活用など、部屋を広く使うアイデアに脱帽！　ぜひ取り入れたい！

勉強がはかどる机と椅子を厳選

三男の部屋。10歳のときに長男と交替しました。デスクはオーダーでドイツのip20、椅子はコクヨ。どちらも機能性にすぐれていて、長時間の学習をサポート。

部屋を分けない家

長男 24歳　二男 20歳　三男 16歳

子ども部屋を持たず、広い空間をゆるく分け合う

Sさん（東京都・56歳）

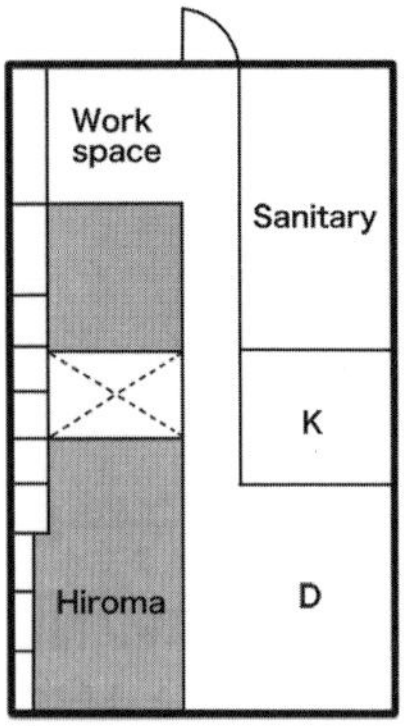

分譲マンション／1DK＋ワークスペース（53㎡）／2人暮らし

Sさん
フリーランスの編集者。カルチャーを中心に多分野で活躍。グリーフケア（遺族ケア）にも詳しい。

Sさん宅で目をひくのが、まるで道場のような広間。リノベーションで、３つあった個室の壁を取り払い、ひと続きの大きな空間をつくりました。長男が17歳のときです。

「イメージは合宿所。子どもたちはみんなスポーツに励んでいたので、ピッタリだと思ったんです。３人が同性だから、あり得た選択でした」

もうひとつ、子ども部屋として使っていた一室を、ひとりが独占するのを避けたかったとも。広間でいっしょに過ごせば、条件はみんな同じ。それに当時はひきこもりが社会問題になっていて、部屋にこもるのはよくないと考えました。

「目指したのは、家族の気配が感じられる家。仕切りがないので、子どもの様子が分かり、親としては安心感があります。唯一のパーソナルスペースはお風呂。あっ、だから、うちの子たちは長風呂なのかも（笑）」

リノベーションでは、机や収納家具、ベッド

を持たなくてすむよう工夫しました。壁一面に奥行きのある棚をつくったのです。勉強するときはロフトに上がり、棚を机代わりに。棚は1人ひと棚を割り当て、衣類や学用品、部活の道具など、個人の持ち物すべてを収納。夜は畳の上に布団を敷けば、そこが寝室になります。

お子さんたちから、「自分の部屋が欲しい」とは言われなかったのでしょうか？「もしそう言われても、見ての通り、家はこの広さしかないので難しい。欲しかったら自分の力で手に入れてね、と」。親の思惑通り？　長男、二男とも、大学生になるときに家を出たそう。

「じつは、リノベーションのあと、『前の部屋でもよかったのに』と言われたことがあるんです。子どもに個室を与えるか否か？　悩ましいですよね。どちらも正解で、どちらにしても親はうっすらとした敗北感を抱くもの。結果オーライならそれでいいんじゃないかと思います」

Sさんに

Q 子ども部屋は何歳から必要？

子どもが強く欲しがったとき。あるいは、ひとりで勉強に集中したいと懇願したとき。私はそう考えていましたが、二男は近所にある塾の自習室を利用し、とくに何も言ってきませんでした。

Sさんに

Q 部屋を分けないとどんな大人になるの？

処世術が身についたと思います。部屋に仕切りがないと、兄弟それぞれの友人と触れ合う機会が多くなります。そのおかげもあって、年の差がある人ともうまくつき合えるようです。

17歳、13歳、9歳の頃

勉強も寝るのもくつろぐのも。開放的な空間でノビノビ暮らす

左／15畳の広間は、好きな場所で自由に過ごせます。暮らすうちに、消灯のタイミングなど、生活時間帯が揃うように。右上／ロフトに上がり、棚に足を伸ばせば、勉強スペースに。右下／畳敷きはゴロゴロするのに最適。ロフトは感染対策のため、あとから可動式の仕切りをつけたそう。

ダイニングの近くに家族共用の収納棚を

ダイニングから広間を見たところ。壁の収納棚は個人用と共用に分け、ダイニング側には共用を。テレビやAV機器のほか、本やCD、賞状などを飾りながら収納しています。

子どもの作品はインテリアとして楽しむ

左／気に入った子どもの絵は額装し、家のあちこちに飾っています。右／廊下の「お出かけグッズコーナー」には、二男が小学生の頃に描いた絵を。子どもの作品などは、バンカーズボックス4箱に保管。

本は背表紙を見せて並べ教育の助けに

文学、歴史、経済……。本はカバーをかけず、背表紙を表に。タイトルが目に入ることで、好奇心を刺激し、興味を抱くきっかけにも。家族の写真や旅の土産もいっしょに飾ります。

取材を終えて

個室がない＝ひきこもり防止になるというお話に同感！ 子どもに十分な環境を与えるのが親の役目だと思っていたのですが、「家のスペックと子育てはあまり関係ない」と聞いて安心。家族仲のよさが伝わる温かいおうちでした！

おわりに

お部屋改造を終え、数カ月が経ちました。

子ども部屋での喧嘩が激減し、争いの場だったソファは家族の休息の場になりました。小競り合いの仲裁に入ってばかりの日々が嘘のように、とても落ち着いた時間を過ごしています。

長男、二男の「きょうだい部屋」は、棚で仕切ったことで、お互いの領域がハッキリし、「お隣どうし、まぁよろしく」的な距離感に変わりました。鼻につくことがあっても、お隣にいきなり怒鳴り込むことはありません。

リビングが居場所だった三男は、兄たちから動画をのぞき見されたり、日記を読み上げられたりされると、よく怒り泣きをしていましたが、自分

のスペースができてからは、それもピタッとなくなりました。
三男のスペースはカーテンで仕切っただけなので、ファミリーライブラリーからは丸見え。でも兄たちは、用があれば必ずカーテン越しに声をかけ、のぞき込むことはありません。布1枚の境界によって三男が過ごす空間は、三男だけのものとなったのです。
自分の空間を持ち、自分の生活を尊重されることで、相手に対しても同じように気遣える。そんないい循環が生まれたように思います。
わが家のお部屋改造は、多くの方の協力で実現しました。私ひとりでは考えつかないようなアイデアが盛りだくさんで、子どもとの関わり方を見直すきっかけにもなりました。この本がみなさんのよき相棒となり、思春期きょうだいの部屋づくりの一助となればうれしいです。

2024年2月　マルサイ

PROFILE
マルサイ

エッセイ漫画家。三姉妹の三女として育ち、三兄弟の母になる。Instagramに投稿した子育て絵日記が話題になり、『男子が3人います。』(大和書房)を出版。趣味は磯遊びと生き物観察、ランニング。著書に『主婦力ゼロからのやってみた家事』(大和書房)、『40代からの心と体を整えるゆるランニング』(エムディエムコーポレーション)ほか。

https://www.instagram.com/maru_sai/
https://www.instagram.com/ura_maru_sai/

STAFF
漫画・イラスト —— マルサイ
ブックデザイン —— 蓮尾真沙子　狩野聡子(tri)
撮影 —— 花田 梢(カバー、帯、P4-7、P12-21、P30-60、P75中、P78、P86-87、P94-112、P116-121、P125)
マルサイ(P74、P75上・下、P94右下、P99中)
校閲 —— 滄流社
取材協力 —— 大森めぐみ(収納カウンセラー)
おさめ ますよ(写真整理アドバイザー)
RoomClip
構成・編集 —— おさめ ますよ
編集担当 —— 小柳良子

写真協力
林 ひろし(帯、P67右上、P70-71、P83上、P124)
『あえて選んだせまい家』(ワニブックス)
『収納が、ない!』(ワニブックス)
広瀬貴子(P17上、P67、P82、P83下)
『主婦力ゼロからのやってみた家事』(大和書房)
安井真喜子(P66、P67左上・中・下)
『家族でつくる心地いい暮らし〜みんなの家事ブック〜』(マイナビ出版)

SHOP LIST
イケア・ジャパン カスタマーサポートセンター
Tel 050-4560-0494
ウォールデコレーションストア　Tel 03-5942-1561
キングジム お客様相談室　Tel 0120-79-8107
サンワダイレクト本店　Tel 086-223-5680
Seriaホームページ　www.seria-group.com
平安伸銅工業　Tel 06-6228-8986
無印良品 銀座　Tel 03-3538-1311

2LDK5人家族3兄弟
ある日突然、子どもに「自分の部屋が欲しい!」と言われたら

著者　マルサイ
編集人　石田由美
発行人　倉次辰男
発行所　株式会社主婦と生活社
〒104-8357　東京都中央区京橋3-5-7
https://www.shufu.co.jp/
編集部　☎03-3563-5361　Fax.03-3563-0528
販売部　☎03-3563-5121
生産部　☎03-3563-5125
製版所　東京カラーフォト・プロセス株式会社
印刷所　大日本印刷株式会社
製本所　共同製本株式会社

*本書に記載している情報は2023年12月現在のものです。商品の価格や仕様などは変更になる場合や現在お取り扱いしていない場合があります。また、価格は税込価格です。

*本書のやり方を実践いただく場合は、建物の構造や性質、商品の注意事項をお確かめのうえ、自己責任のもと行ってください。

ISBN978-4-391-16123-6